누구나 할수 있는 유튜브
돈 벌기 첫걸음

누구나 할 수 있는 유튜브 돈 벌기 첫걸음

초판 1쇄 발행 2024년 2월 27일

지은이 신동건
펴낸이 장성두
펴낸곳 주식회사 제이펍

출판신고 2009년 11월 10일 제406-2009-000087호
주소 경기도 파주시 회동길 159 3층 / **전화** 070-8201-9010 / **팩스** 02-6280-0405
홈페이지 www.jpub.kr / **투고** submit@jpub.kr / **독자문의** help@jpub.kr / **교재문의** textbook@jpub.kr

소통기획부 김정준, 송찬수, 박재인, 배인혜, 나준섭, 이상복, 김은미, 송영화, 권유라
소통지원부 민지환, 이승환, 김정미, 서세원 / **디자인부** 이민숙, 최병찬

기획·진행 배인혜 / **내지편집** 인투 / **표지·내지 디자인** 이민숙
용지 타라유통 / **인쇄** 해외정판사 / **제본** 일진제책사

ISBN 979-11-92987-93-4 (13000)
값 18,000원

제이펍은 여러분의 아이디어와 원고를 기다리고 있습니다. 책으로 펴내고자 하는 아이디어나 원고가 있는 분께서는
책의 간단한 개요와 차례, 구성과 지은이/옮긴이 약력 등을 메일(submit@jpub.kr)로 보내주세요.

누구나 할 수 있는 유튜브 돈 벌기 첫걸음

유튜브신쌤 지음

Jpub
제이펍

▶ 머리말

지금은 유튜브의 영향력으로 세상이 변하는 시대입니다. 전 세계 어디서든 원하는 시간에 편하게 유튜브로 영상을 시청할 수 있으며, 더 멋진 사실은 여러분이 그 영상의 주인공이 될 수 있다는 것입니다. 그래서 유튜브를 운영한다는 것은 단순히 영상을 업로드하고 조회 수, 구독자 수만 쫓는 일이 아니라, 이제는 자신의 브랜드를 만드는 과정입니다.

이 책에서는 여러분이 유튜브 영상을 제작하고, 자신의 채널에 방문한 사람들과 소통하며 즐거움을 찾고, 나아가 수익을 창출하는 방법도 안내합니다. 유튜브의 채널 주제를 선정하고, 촬영하고, 편집하는 법과 채널이 성장하는 노하우까지 단계별로 담았습니다.

만약 그동안 '유튜브는 젊은 세대나 할 수 있다'고 생각했다면, 이제는 생각을 바꿔보기를 바랍니다. 우선 유튜브 채널은 나이, 전문성과 상관없이 누구나 만들 수 있습니다. 특히 삶을 열심히 일궈낸 경험을 쌓은 중장년이라면, 여러분의 지혜를 유튜브에서 나눌 때 그 이야기가 가진 가치가 더욱 빛날 것입니다.

유튜브라는 푸른 바다로 대항해를 떠나 볼 준비가 되었나요? 여러분만의 스토리가 어떻게 다른 사람의 마음을 움직이는지, 또한 자신의 삶을 어떤 식으로 바꾸는지 경험해 보세요. 유튜브라는 세계에 첫발을 내딛는 데 필요한 모든 지식과 팁을 이 책에서 얻고, 인생의 새로운 장을 여는 데 작은 도움이 되길 바랍니다. 여러분의 새로운 도전을 응원합니다.

유튜브신쌤 드림

▶ 차례

▶ CHAPTER 1   유튜브로 인생이 바뀌었습니다

▶ CHAPTER 2   첫 번째 영상 제작하기

▶ CHAPTER 3   성장하는 유튜브 채널 운영 핵심 노하우

▶ 이 책의 구성

이 책은 유튜브 운영을 처음 시작하는 독자의 눈높이를 고려하여 구성했습니다. 친절한 설명을 통해 유튜브의 전반적인 흐름을 이해하는 것은 물론, 처음 보는 낯선 툴은 간단하게 따라 하는 방법도 소개합니다.

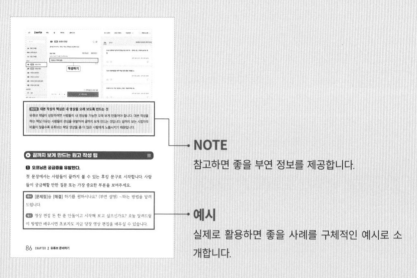

NOTE
참고하면 좋을 부연 정보를 제공합니다.

예시
실제로 활용하면 좋을 사례를 구체적인 예시로 소개합니다.

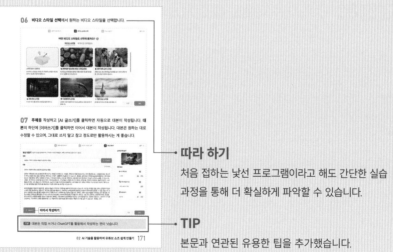

따라 하기
처음 접하는 낯선 프로그램이라고 해도 간단한 실습 과정을 통해 더 확실하게 파악할 수 있습니다.

TIP
본문과 연관된 유용한 팁을 추가했습니다.

▶ 한눈에 보는 유튜브 영상 제작 과정

콘텐츠 기획
자신만의 유튜브 주제를 찾고 기획안을 작성합니다.
(관련 페이지 p. 44)

대본 작성
기획안을 바탕으로 대본을 더 구체적으로 작성합니다.
(관련 페이지 p. 82)

영상 촬영
반드시 자신이 만들 영상 스타일에 필요한 장비만 가지고 시작합니다.
(관련 페이지 p. 69)

영상 편집
직접 촬영하거나 화면을 녹화한 영상을 편집합니다.
(관련 페이지 p. 77)

제목 및 썸네일 제작
영상의 제목과 썸네일의 문구를 카피라이팅합니다.
(관련 페이지 p. 100)

영상 업로드
완성된 영상을 업로드합니다.
이때 검색 엔진 최적화에 도움이 될 설명 글, 태그 등을 추가합니다.
(관련 페이지 p. 113)

▶ 유용한 참고 사이트

이 책에서 소개하는 유튜브 채널을 운영할 때 도움이 될 만한 사이트입니다. 유튜브에 올릴 영상을 제작하고 편집하는 법부터 수익화를 위해 참고할 사이트까지 살펴보세요.

유튜브 영상 제작 및 편집

- ▶ **미리캔버스**(https://www.miricanvas.com/ko): 채널 로고, 채널 아트, 썸네일
- ▶ **눈누**(https://noonnu.cc/): 폰트 다운로드
- ▶ **Remove.bg**(https://www.remove.bg/ko): 이미지 배경 제거
- ▶ **Cleanup.pictures**(https://cleanup.pictures/): 이미지 일부 제거
- ▶ **DALL·E 2**(https://openai.com/product/dall-e-2): 이미지 생성
- ▶ **뤼튼**(https://wrtn.ai): 대본 작성
- ▶ **ChatGPT**(https://chat.openai.com/): 대본 작성, 주제 선정
- ▶ **VREW**(https://vrew.voyagerx.com/ko/): 영상 제작
- ▶ **뮤직 베드**(https://www.musicbed.com/), **에피데믹 사운드**(https://www.epidemicsound.com/), **아트리스트**(https://artlist.io/): 음원 다운로드
- ▶ **픽사 베이**(https://pixabay.com/), **픽셀스**(https://www.pexels.com/videos/), **커버**(https://coverr.co): 영상 및 이미지 다운로드
- ▶ **블랙키위**(https://blackkiwi.net), **구글 트렌드**(https://trends.google.co.kr/), **뷰트랩**(https://viewtrap.com/): 트렌드 검색

수익화에 참고할 사이트

- ▶ **녹스인플루언서**(https://kr.noxinfluencer.com/): 광고 제휴 단가 예측
- ▶ **쿠팡 파트너스**(https://partners.coupang.com/): 제휴 마케팅
- ▶ **크몽**(https://kmong.com/), **탈잉**(https://taling.me/), **클래스101**(https://class101.net/ko), **클래스유**(https://www.classu.co.kr/new): 지식 콘텐츠 판매
- ▶ **카페 24**(https://www.cafe24.com): 쇼핑몰 운영
- ▶ **줌**(https://zoom.us/ko): 온라인 강의, 모임 운영

CHAPTER

1

★ ★ ★
유튜브로
인생이 바뀌었습니다

유튜브를 지금 시작하면 늦지 않았을까요?
평범한 사람이 유튜브로 월 1,000만 원을 벌기까지
저의 변화를 솔직하게 소개합니다.
이 이야기로 여러분이 도전할 용기를 얻으셨으면 좋겠습니다.

01 | 평범한 회사원이 월 매출 1,000만 원 유튜버가 되기까지

▶ 지금 당신의 삶이 만족스럽지 않다면? ☰

책을 쓰고 있는 지금, 여유롭게 일어나 운동을 하고 카페에 나와서 커피 한 잔을 하며 노트북을 펼쳤습니다. '오늘은 어떤 일을 해 볼까?'라는 생각을 하며, 행복하게 하루를 시작하고 있습니다.

불과 약 1-2년 전까지만해도 저는 왕복 3시간 출퇴근 시간을 버티며, 하루하루를 힘들게 살아가고 있었습니다. 회사에서도 적응을 잘하지 못했고, 스트레스가 쌓이기만 했습니다. 그랬던 저의 인생이 유튜브 하나로 180도 바뀌었습니다. 아무 재능도 없는 줄 알았던 제가 유튜브로 어떻게 인생이 달라졌을까요?

시간을 거슬러 저의 학창 시절을 돌이켜보면 저는 특출난 사람이 결코 아니었습니다. '우리 반에 이런 애가 있었나?'라고 생각할 정도로 조용한 학생, 그 사람이 바로 저였습니다. 성적도 반에서 중간 정도를 하던 평범한 학생이었습니다. 그 당시의 목표는 9급 공무원이 되어 남들처럼 평범하게 사는 것이었습니다. 하지만 막상 공무원 준비도 금세 포기했습니다. 당시 경쟁률이 치열해서 합격할 자신이 없었기 때문입니다.

도피처럼 시작한 취업 준비도 만만치 않았습니다. 지방 대학의 인문학과를 졸업했으며, 남들 다 있다는 기본적인 토익 점수, 자격증조차 부족했습니다. 어렵사리 중소기업에 합격하게 되었지만 기쁨도 잠시, 200만 원 정도의 월급으로 자취까지 하다 보니 아껴 써도 한 달에 100만 원도 모으기 힘들었습니다. 집을 사려고 계산해 보니 부동산 가격은 계속 오르는데, 매월 100만 원을 꾸준히 모아도 1년이면 1,200만 원을 모을 수 있고 10년을 모으면 1억 2,000만 원이었습니다. 결국 아파트는 커녕 작은 빌라도 사기 힘들다는 결론이 나왔습니다.

게다가 저를 더 불안하게 했던 것은 언제 그만둬야 할지 모르는 회사 생활이었습니다. 동료들보다 학벌, 경력, 경험이 부족했기 때문에 언제든지 회사를 떠나야 할 수도 있다고 생각했습니다. 아무리 열심히 버텨도 언젠가는 회사를 나가야 한다는 마음에 초조했습니다. '악착같이 버티며 50살까지 회사를 다닌다 해도, 이제는 100세 시대라고 하는데 나머지 50년은 무엇을 하면서 어떤 경제적 기반으로 살아야 될까?'라는 막막함이 덮쳤습니다. 이렇게 살아서는 결혼도 힘들 것 같았고, 남들처럼 평범하게 사는 것조차 어려울 것 같았습니다.

매일 반복되는 전쟁 같은 왕복 3시간의 출퇴근을 해야 했으며, 간신히 출근하지만 사무실에 도착하자마자 지쳐서 집에 가서 쉬고 싶다는 생각이 머릿속에 가득 찼습니다. 퇴근하면 피곤한 몸을 이끌고 돌아오며 '그래, 오늘 하루도 잘 버텼어'라고 스스로를 위로하거나 혼자서 또는 동료들과 술 한잔하면서 신세 한탄을 했습니다. 그렇게 정작 새로운 시도는 하지 않은 채 매일 불안과 걱정만 쌓으면서 하루하루를 살았습니다.

처음부터 엄청난 결과를 이루어 보겠다는 결심으로 유튜브를 시작한 것은 아니었습니다. 어쩌다 회사 업무로 간단한 영상 편집을 배웠는데, '이걸 유튜브에 한번 올려볼까?' 하는 아이디어가 떠올라서 별 고민 없이 무작정 영상을 만들기 시작했습니다. 그때는 유튜브 시장에 대해 전혀 몰랐지만 '일단 그냥 올려보자!'라는 마음이었습니다. 그렇게 몇 번의 시행착오 끝에 겨우 첫 영상을 올렸습니다.

첫 영상을 업로드하기까지 마음속으로는 '이미 더 좋은 콘텐츠가 많은데 누가 내 영상을 볼까?', '내용이 별로라고 하지 않을까?', '유튜브에 영상을 올리면 지인들이 어떻게 생각할까?', '악플이 달리면 어쩌지?'라는 걱정이 가득했습니다. 타인들의 평가가 두려웠습니다. 목소리도 작고 말도 조리 있게 못해서 여러 번 더듬거렸지만 일단 업로드했습니다(그때 올린 첫 번째 영상을 다시 보면 정말 형편없는 퀄리티입니다).

당연히 조회 수는 거의 나오지 않았습니다. 그런데 일단 시작해 보고 나니 점점 욕심이 생겼습니다. '어떻게 하면 사람들이 내 영상을 더 많이 볼까?'를 진심으로 고민하기 시작했습니다. 자연스럽게 유튜브 강의도 찾아다니고, 여러 책을 읽으며 좀 더 깊게 공부하며, 경험을 통해 체득한 내용을 반영하여 나만의 방식으로 유튜브에 올렸습니다.

부수입으로 월 20만 원만 벌었으면 좋겠다

처음에는 조회 수에 연연하지 않고 유튜브 자체를 배운다는 마음으로 꾸준히 영상을 올렸습니다. 그저 회사를 다니면서 부수입으로 20만 원 정도만 벌어도 좋겠다는 목표였습니다. 일단 3개월만 해볼 심정으로 주 1회 꾸준히 올렸습니다. 그러다 보니 어느새 조회 수가 조금씩 늘어났고, 좋은 정보를 소개해 줘서 감사하다는 댓글도 달리기 시작했습니다. 이런 소중한 댓글이 유튜브를 지속할 수 있는 원동력이 되었습니다.

하지만 여전히 광고 수익 기준까지는 너무나 멀게 느껴졌습니다. 첫 2개월 동안 10개의 영상을 올렸지만, 구독자는 거의 늘지 않았고 수익은 0원이었습니다. '이렇게 유튜브를 계속하는 게 맞나? 차라리 이 시간에 다른 일을 하는 게 더 효율적이지 않을까?'라는 의문을 품기 시작했습니다. 그래도 꾸준함의 힘을 믿고, 사람들이 궁금하게 느낄 콘텐츠를 찾으면서 경험으로 배운다는 마음으로 영상을 업로드했습니다.

▶ 유튜브 하나로 퇴사까지　　　≡

신기하게도 구독자가 조금씩 늘기 시작했습니다. 유튜브를 시작한 지 약 7개월 만에 광고 수익 기준을 충족하면서 유튜브 채널의 수익도 발생했습니다. 첫 광고 수익은 11만 원, 월급 외 처음으로 벌어 본 수입이었습니다. 이렇게 꾸준히 주 1회 영상을 올리다 보니, 코로나 시기에 유튜브를 시작하려는 사람들이 늘어나면서 채널이 급격하게 성장했습니다. 또한 강의나 협찬 문의도 많이 들어오면서, 월급 외에도 만족스러운 부수입을 벌 수 있게 되었습니다.

그렇게 유튜브 채널이 점점 성장하면서 월급 수준의 수익을 벌 수 있게 되었고, 지난 2022년에는 다니던 회사에서 퇴사했습니다. 지금은 1인 사업가로 유튜브를 활용하면서 월급보다 훨씬 많은 돈을 벌고 있습니다. 그것도 나만의 시간을 마음껏 관리하면서 말이죠. 현재 저는 각종 공공기관 및 기업 등에서 꾸준히 강연을 하고 있습니다. 유튜브 채널에 유튜브하는 방법에 대한 영상만 꾸준히 올렸을 뿐인데 유튜브 관련 강의 문의가 끊이지 않고 들어옵니다.

각 분야의 교수나 박사, 세무사, 대기업 임원 등 평소에는 대화조차 못 해봤을 대단한 분들을 만나고 심지어 그들을 가르치고 있습니다. 평범하고 별 볼 일 없던 제가 단지 유튜브 하나를 꾸준히 했을 뿐인데 이렇게 인생이 바뀌게 된 것이죠.

사실 당장 눈에 보이는 수익보다 더 중요한 건, 마음만 먹으면 뭐든지 할 수 있다는 자신감이 생겼다는 것입니다. 이제 저는 더 이상 예전처럼 불안하지 않습니다. 앞으로 몇 년 후에는 지금보다 훨씬 더 성장해 있을 거라고 확신합니다. 이 책의 독자인 여러분도 저처럼 언제든지 변할 수 있습니다. 유튜브는 실력, 능력이 중요한 것이 아닙니다. 일단 유튜브를 시작해 보세요. 언젠가 저처럼 여러분의 삶이 바뀌어 있을지도 모릅니다.

02 | 유튜브로 맞이한 인생의 변화들

▶ 나의 약점이 개성이 되는 세상　　☰

저는 남들에 비해 배우는 속도가 느린 편입니다. 공부, 운동, 게임 등 뭘 해도 또래 친구들에 비해 습득이 느렸습니다. 그래서 다른 사람들과 비슷한 수준으로 성과를 내려면 자연히 좀 더 많은 시간을 써야 했습니다. '왜 나는 남들보다 느릴까?'라는 생각을 하며 지냈습니다.

그런데 이런 저의 약점이 오히려 유튜브 시장에서 기회가 되었습니다. 처음 유튜브를 시작했던 2018년, 영상 편집을 배우고 싶어서 유튜브에 있는 여러 전문가들의 채널을 구독했습니다. 그런데 영상을 아무리 보고 공부해도 완벽하게 이해하기 힘들었습니다. 영상 제작 분야의 전문가들이 알려주는 노하우들에는 처음 듣는 영상 관련 전문용어가 많았기 때문에 강의를 몇 번이고 돌려보면서 힘들게 익혀야 했습니다.

그 경험 덕분에 '나처럼 학습 속도가 느린 사람도 누구나 배우기 쉽게 알려주는 영상 편집 콘텐츠를 만들면 어떨까?'라는 아이디어를 떠올렸습니다. 저는 전문가들이 주로 사용하는 프리미어 프로 같은 툴 대신, 조금 더 사용하기 쉬운 편집 프로그램을 찾아보면서 제가 알게 된 내용을 소개했습니다. 그때 사용했던 영상 편집 툴이 **파워디렉터**이며 당시에는 무료로 사용할 수 있

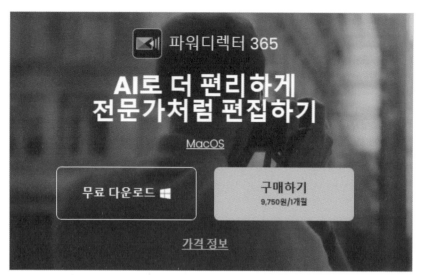

파워디렉터 365

AI로 더 편리하게
전문가처럼 편집하기

MacOS

무료 다운로드

구매하기
9,750원/1개월

가격 정보

▲ 영상 편집이 편리한 파워디렉터

었고, 다른 전문적인 툴에 비하면 어렵지 않았습니다.

직접 시행착오를 겪으며 깨우친 편집 노하우를 이제 막 유튜브 크리에이터를 꿈꾸는 분들도 충분히 이해할 수 있게 모든 과정을 차근차근히 소개했습니다. 저는 말하는 속도 또한 느린 편이며, 편집도 서툴러서 다른 영상 편집 강좌 영상에 비하면 영상 퀄리티가 많이 부족해서 걱정했습니다.

그런데 어느 순간 조회 수가 갑자기 늘어나기 시작했습니다. 알아보니 영상 편집에 관심은 있지만 복잡한 툴을 다룰 만큼 컴퓨터 활용 능력이 능숙하지 않아서 고민하고 있었던, 열정이 많은 40~60대분들에게 저의 콘텐츠가 어필되었던 것입니다. 영상 편집과 유튜브를 알려주는 정말 많은 콘텐츠 중, 전문성이 부족해 보였던 저의 콘텐츠가 이제 막 처음 영상을 배우려는 분들께는 뛰어난 전문가의 강의보다 더 적합했던 것입니다.

'입문자에게도 아주 쉽게 알려주는 유튜브 교육 전문가, 유튜브신쌤!'

솔직히 말하면 처음부터 의도한 바는 아니었지만 자연스럽게 위와 같은 정체성이 생겼습니다. 그러다 보니 영상 제작 전문가도 아닌 제 채널의 영상들이 영상 편집을 전문으로 하는 PD나 실무 노하우가 가득한 전문가의 채널보다 구독자, 조회 수가 훨씬 높게 나왔습니다. 그리고 '천천히 자세히 알려줘서 좋아요'라는 식의 댓글이 쌓이기 시작했습니다.

그저 말이 느리고, 내가 이해할 수 있는 만큼만 쉽게 풀어내기 때문에 전문가처럼 알려주지는 못한 것뿐인데 오히려 내 영상을 더 많이 찾는다니! 이런 경험을 통해서 유튜브 시장은 반드시 실력, 능력이 중요한 건 아니라는 걸 깨닫게 되었습니다. 뛰어난 실력보다 중요한 건, 바로 시청자의 입장에서 '얼마나 그들이 원하는 것에 맞춰 영상을 만들었는가?'입니다.

실제 유튜브 채널을 보면 실력이 뛰어나서, 학벌이 엄청나게 좋아서, 관련 전문 지식이 많다고 해서 채널이 성장하는 것이 아닙니다. 아마추어가 프로를 이길 수 있는 시장이 바로 유튜브 시장입니다.

예시로 2030 세대가 좋아하는 재테크 유튜브 채널인 <김짠부 재테크>는 '20대의 짠테크'라는 주제로 크게 성장했습니다. 이 채널은 본인이 직접 재테크를 조금씩 해 나가면서 성장하는 모습을 보여줍니다. 재테크 분야의 전문가는 아니지만, 이 채널은 현재 구독자 56만 명을 돌파했습니다. 뛰어난 재테크 전문가들이 운영하는 여러 채널보다 훨씬 구독자가 많습니다. 그 비밀이 무엇일까요? 핵심은 바로 **공감**입니다.

사람들은 나와 비슷한 사람의 이야기에 공감합니다. 특별하지도 대단하지 않은 사람도 유튜브를 운영하며 성공할 수 있는 이유도 바로 여기에 있습니다. 유튜브는 전문성이 부족한 사람에게도 기회가 될 수 있습니다. 그러니 지금 이 글을 읽고 있는 여러분이 유튜브를 시작하지 못하는 이유가 '남들보다 뛰어난 재능이 없어서'라면 주저하지 말고 유튜브에 도전하셨으면 좋겠습니다.

▶ 유튜브가 가져온 긍정적인 변화들　☰

말하기 실력 향상

사람들이 유튜브를 시작하는 주목적은 바로 **수익 창출**입니다. 돈을 벌기 위해 우리는 유튜브를 시작합니다. 하지만 유튜브를 시작하면 수익 외에도 얻게 되는 것들이 많이 있습니다. 제가 유튜브를 꾸준히 하면서 얻게 된 것들입니다.

첫 번째는 **말하기 실력**입니다. 저는 원래 사람들 앞에서 말하는 것을 극도로 어려워하는 성격이었습니다. 그래서 대학생 시절에도 수강 신청을 할 때 발표가 있는 수업은 가급적 피했고, 사람들 앞에서 내 의견을 피력하지도 못했습니다. 말하기는 타고나야 하는 재능으로 생각했습니다. 말을 잘하고 싶어 스피치 학원도 다녀본 적이 있습니다. 하지만 스피치 학원에 다닌다고 해서 무조건 말하기 실력이 성장하지는 않았습니다. 대학생 때 부족한 돈을 쪼개 가며 거금을 들여 스피치 학원에 3개월을 다녔지만 큰 성과는 없었습니다. 하지만 유튜브를 시작한 이후 말하기 실력이 나도 모르게 성장해 있음을 느끼고 있습니다.

말하기 실력을 키우는 가장 좋은 방법은 꾸준하게 자신의 목소리를 직접 들으며 스스로에게 피드백을 하는 것입니다. 즉, 말을 많이 하는 것이 가장 좋습니다. 누구나 알고는 있지만 혼자서는 말하기를 연습하기란 힘들죠. 하지만 유튜브를 하다 보니 자연스럽게 나의 목소리를 녹음하면서 말하게 되고, 편집하면서 내 목소리를 들어야 합니다. 이 과정에서 나의 발음이나 말할 때 좋지 않은 습관이 어떤 것이 있는지 자연스럽게 인지할 수 있었습니다.

현재 유튜브신쌤 채널에는 제 목소리가 들어간 250개 이상의 영상이 있습니다. 벌써 5년 이상 주 1회 업로드를 하면서 말하기 실력이 성장한 것을 느낍니다. 처음 영상을 촬영할 때는 발음도 또박또박 들리지 않고 말을 버벅거려서 편집하는 데 많은 시간이 필요했습니다. 하지만 지금은 컷 편집을 많이 하지 않아도 될 만큼 말하기 실력이 늘었습니다. 스피치 학원에 다녀도 안되던 것이 유튜브를 꾸준히 하면서 자연스럽게 성장한 것입니다. 오히려 돈도 벌면서 말이죠.

대중 앞에서 말 한마디도 못 하고 **무대공포증**이 심했던 제가 지금은 대중 앞에서 떨지 않고 강의를 하면서 돈을 벌고 있습니다. 이렇게 성장할 수 있었던 기반이 5년간 꾸준히 지속한 유튜브 덕분이라고 생각합니다. 그래서 말을 잘하고 싶다면 유튜브를 꾸준히 하는 것만큼 좋은 게 없다고 생각합니다.

글쓰기 실력 향상

두 번째는 **글쓰기 실력**입니다. 우리가 살면서 자발적으로 자신의 생각을 진지하게 글로 써 보는 경험이 얼마나 있을까요? 돌이켜 생각해 보면 학생 시절에 저는 자유로운 글쓰기를 해 본 적이 없었습니다. 그러다 보니 막연하게 두려움이 있었고, 글쓰기를 해야 하는 상황을 항상 피했습니다. 하지만 사회생활을 해본 사람이라면 글쓰기가 얼마나 중요한지 알 것입니다. 회사 생활도 결국 글쓰기가 기본 바탕입니다. 그리고 SNS도 기본은 글쓰기입니다. 글을 잘 쓰는 사람들이 말도 잘합니다. 생각을 잘 정리하기 때문입니다.

저는 영상을 만들 때 주로 대본을 만들어 놓고 읽으며 녹음합니다. 저뿐만 아니라 대부분의 크리에이터가 목소리를 녹음할 때는 대본을 미리 써 놓고 읽습니다. 이렇게 유튜브 대본을 매주 쓰다 보니 글쓰기 실력이 성장했습니다. 글쓰기 실력이 늘면서 블로그, 인스타그램 같은 다른 SNS 채널을 키우기도 어렵지 않았습니다. 뿐만 아니라 회사 업무에서도 보고서 작성 등에 유의미한 도움이 되었습니다.

콘텐츠 기획력 향상

세 번째는 **콘텐츠 기획력**입니다. 유튜브 조회 수가 잘 나오기 위해서는 시청자의 입장에서 나에게 어떤 콘텐츠를 원하는지 끊임없이 연구해야 합니다. 이렇게 콘텐츠를 고민하면서 내 콘텐츠를 보는 고객의 입장에서 생각하는 힘을 길렀습니다. 콘텐츠를 기획하면서 사람들이 클릭하고 싶게끔 한 문장의 카피를 고민했습니다. 그래서 유튜브 영상 편집 실력뿐만 아니라 **카피라이팅** 실력을 키울 수 있었고, 콘텐츠가 더욱 돋보이도록 디자인을 연습하며 많은 부분에서 역량을 키울 수 있었습니다.

유튜브를 시작한 이후로 여러 방면에서 몰라보게 성장한 저를 볼 수 있었습니다. 그래서 회사 업무에도 도움이 많이 되었습니다. 유튜브를 하면 회사 일에는 소홀할 거라고 생각할 수 있습니다. 하지만 유튜브 채널을 운영하면서 고민한 말하기, 글쓰기, 콘텐츠 기획이 큰 도움이 되었습니다. 그래서 부업을 하면서도 오히려 회사에서도 인정받는 직원이 될 수 있었습니다.

이렇듯 자기 계발과 성장의 관점에서도 유튜브는 반드시 시작하라고 권장하고 싶습니다. 뿐만 아니라 매주 1회씩 어떻게든 영상을 올리다 보니 **시간 관리**도 좀 더 철저하게 하게 되었습니다. 이전까지는 주말에 아무 생각 없이 TV를 보거나 게임하면서 시간을 흘려보냈던 제가 유튜브 영상을 만들면서 시간을 효율적으로 사용하게 되었습니다.

무엇보다 유튜브를 시작한 이후로 얻은 가장 큰 성과는 바로 **자신감**입니다. 항상 소심하고 불안, 걱정이 많았는데 유튜브 채널이 성장하고 성과를 올리면서 그 어떤 것도 새롭게 시작할 수 있다는 자신감이 생겼습니다. 수동적으로 살던 제가 스스로 새로운 것을 시작하고 주체적으로 살게 된 것입니다. 이렇게 작은 성공 경험을 해보니 앞으로 어떤 어려움이 있어도 헤쳐 나갈 수 있다는 자신감을 얻게 되었습니다. 이것이 가장 큰 소득이라고 생각합니다.

▶ 의지 약한 사람이 꾸준히 노력하는 법 ☰

저는 의지가 약한 편입니다. 무언가를 배워야지 생각만 하고 막상 실천은 하지 않았습니다. 영어 공부, 공무원 공부를 하겠다고 책을 사 놓고 그냥 첫 장만 보고 방치된 경우가 많았습니다. 처음에 유튜브를 할 때도 막상 시작은 했지만 몇 번 하다가 흐지부지될 것 같았습니다. 이렇게 의지력 없는 나를 일하게 만드는 방법이 있었습니다. 바로 먼저 사람들에게 알리는 것입니다.

'매주 1회 일요일 저녁 9시 업로드'

위와 같이 유튜브 채널 아트에 미리 공지를 했습니다. 이렇게 스스로 마감 기한을 정해 놓으니 일요일 저녁 9시까지 영상을 만들기 위해 움직이게 되었습니다. 마감 기한이 다가오면 전에 없던 고도의 집중력이 생깁니다. 이전에는 주말에 게임을 하거나 TV를 보면서 시간을 보냈다면 유튜브를 시작한 이후로는 평소에도 유튜브 주제를 찾고 기획, 촬영, 편집 업로드까지 유튜브에 대한 생각만 합니다.

맨날 유튜브 생각만 한다면 너무 피곤하지 않을까? 하고 생각할 수도 있겠지만, 집에서 게임을 하고 TV를 보며 시간을 보내는 것보다 생산적인 활동을 하면서 오히려 자신감이 커지고 성취감 덕분에 기분도 더 좋아졌습니다.

주말에도 너무 바빠서 영상을 만들 시간이 없다고 이야기하는 분도 있을 것입니다. 저 또한 주말 약속이 있는 날에는 영상을 제작할 시간이 부족했습니다. 그런 경우에는 아침과 저녁에 남은 **자투리 시간**을 잘 활용해서 틈틈이 준비했습니다. 일단 머릿속에 '일주일에 1개'를 무조건 올린다는 목표가 있으니, 시간을 쪼개고 쪼개서 영상을 만들었습니다. 목표를 정하고 실천하기 위한 약간의 장치를 마련하면 못 할 것은 없다는 걸 깨닫게 되었습니다.

03 | 온라인 비즈니스 시대에서 유튜브 활용법

▶ 여전히 유튜브를 시작하기 좋은 타이밍　☰

세상이 빠르게 변하고 있습니다. 계속되는 물가 상승, 주식 및 부동산 가격 폭락 등으로 직장인, 자영업자 모두가 경기 침체를 겪는 어려운 상황입니다. 뉴스도 경기에 대해서 비관적인 기사만 나옵니다. 하지만 역설적이게도 저는 지금이 **돈 벌기 가장 좋은 시기**라 생각합니다. 온라인 비즈니스를 하는 분들의 공통적인 견해이기도 합니다.

유명한 유튜버들이 온라인 비즈니스로 월 수억의 돈을 벌었다는 이야기를 들어본 적 있을 것입니다. 그런데 누구나 알 정도로 정말 유명한 유튜버가 아니어도, 월 천만 원 이상의 수익을 내고 있는 분들이 주변에 많습니다. 이렇게 최근 빠른 속도로 큰 돈을 버는 신흥 부자들이 많이 생겨나고 있는데요, 모두 온라인 비즈니스를 활용한다는 공통점이 있습니다. 코로나19 이후 많은 사업 환경이 오프라인에서 온라인으로 넘어왔기 때문입니다.

기존에 우리가 알고 있는 오프라인 사업은 초기 투자 비용이 반드시 필요하며, 사업 실패에 대한 리스크가 큽니다. 그렇다고 성공이 확실하지도 않고, 직접 고객이나 업체와 만나는 등 시간과 노력을 갈아 넣어야 했습니다. 예를 들어, 자영업으로 식당을 운영하시는 분을 생각해 보세요. 아주 유명하지 않은 이상, 오프라인으로 한정된 그 지역 안에서 매번 비슷한 고객만 받을 수 있습니다. 만약 창업이 실패로 돌아간다면 본인에게 돌아오는 후폭풍이 엄청납니다. 본인분만 아니라 가족까지도 오랫동안 어려운 시간을 보내야 할 수 있습니다.

이처럼 '사업은 잘되면 큰 돈을 벌 수도 있지만, 잘못되면 나와 가족의 인생에 큰 문제가 생길 수 있는 리스크가 큰 행동'이라는 인식이 있습니다. 그러다 보니 대부분의 사람들은 '사업 그거 아무나 하는 게 아니다', '사업하다 실패하면 쫄딱 망한다' 등 편견을 가지고 있습니다.

하지만 제가 소개할 유튜브를 활용한 온라인 비즈니스는 이런 위험성이 거의 없다고 생각합니다. 우선 당장 **무자본**으로 시작할 수 있습니다. 일단 돈이 들지 않으니 실패에 대한 리스크도 적습니다. 또한 전국을 너머 전 세계에서 고객을 모집할 수도 있습니다. 시스템만 확보해 두면 나중에는 내가 일하지 않아도 되는 업무 자동화를 통해 수익 구조를 만들 수도 있습니다.

온라인 사업을 시작하려면 무엇부터 해야 할까요? 우선 '나'라는 **브랜드**를 많은 사람에게 알려야 합니다. 이를 **브랜딩**(branding)이라고 합니다. 어떻게 브랜딩을 할 수 있을까요? 돈을 들이지 않고 가장 효과적으로 알리는 방법은 바로 **SNS**를 활용하는 것입니다. 우리가 SNS를 잘 활용하면 나를 알리고, 나의 상품이나 지식을 좀 더 쉽게 판매할 수 있게 됩니다. 브랜딩을 할 수 있는 여러 SNS가 있지만 저는 유튜브가 가장 효과적이라고 생각합니다.

사람들은 텍스트나 이미지보다는 **영상**을 더 선호합니다. 그래서 글, 사진보다는 영상이 나를 알리기 훨씬 더 자연스러운 수단입니다. 영상 매체의 인기에서 알 수 있듯이 일단 유튜브 채널이 성장하면, 비슷한 구독자 수를 가진 **블로그**나 **인스타그램**과 비교해 보았을 때 평균 조회 수가 더 높게 형성되는 편입니다.

유튜브를 통해 영향력이 커지면 경제적인 이익은 자연스럽게 따라옵니다. 물론 유튜브는 블로그, 인스타그램 같은 SNS에 비하면 준비할 것이 많고, 배워야 하는 기술뿐만 아니라 제작 시간도 많이 소요됩니다. 이처럼 진입 장벽이 다소 높아서 오히려 꾸준히 운영하는 경쟁자는 상대적으로 적습니다. 그래서 가장 강력한 SNS가 될 수 있습니다.

04 | 유튜브 잘 모르고 시작하면 이렇게 된다

▶ 유튜브를 시작하고 대부분 겪는 과정 ☰

매일 유튜브를 보다 보면 한 번쯤 '나도 유튜브나 해볼까?'라는 생각을 해봤을 것입니다. 그러다 주위에서 '누구는 유튜브로 월 천만 원 벌었다더라'는 소식이 들리면 무작정 시작하는 분이 많습니다. 하지만 대다수의 초보 유튜버들은 아래의 과정을 거칩니다.

의욕만 넘치는 초보 유튜버의 흔한 패턴

1 영상 편집 프로그램을 열심히 배운다.

2 유명 유튜버들이 추천하는 장비를 구입하고 방 한쪽에 세팅한다.

3 많은 시간을 투자해서 영상을 어렵사리 만들고, 첫 번째 영상을 업로드한다.

4 영상 업로드 후 한 시간마다 들어가서 조회 수가 얼마나 올랐는지 체크한다. (내심 조회 수가 500건은 나오지 않을까 기대한다.)

5 본인, 가족, 지인들만 본 정도의 조회 수에 실망한다.

6 굴하지 않고, 두 번째 영상을 올린다.

7 역시 조회 수가 나오지 않아서 실망한다.

8 3~7번 과정을 반복하다가 의욕이 점점 꺾이고 자연스럽게 유튜브 운영을 잊는다.

이러한 과정을 거치면서 '유튜브는 이제 레드 오션이야', '내가 유튜브 해봤는데 잘 안되더라'라고 주위에 말합니다.

▶ 왜 내 영상의 조회 수는 오르지 않을까? ☰

유튜브라는 **생태계**를 제대로 파악하고자 노력하지 않고, 단지 좋아하는 콘텐츠를 만들고, 무작정 업로드합니다. 그냥 내가 만들고 싶었던 영상, 만들기 재밌는 영상을 올리다 보니 조회 수가 안 나오는 것이죠. 예전에는 영상을 꾸준히 올리다 보면 채널이 성장하기도 했습니다. 하지만 지금은 무작정 영상을 올려서 채널이 성공적으로 자리잡을 확률은 아주 희박해지고 있습니다.

지금도 수많은 유튜브 채널에서 영상을 업로드하고 있으며 이제는 연예인과 방송사에서도 고퀄리티의 동영상을 업로드합니다. 그 많고 많은 영상 중에 신규 채널인 나의 영상을 발견하고 사람들이 보게 될 확률이 얼마나 될까요? 실제로 최근에는 신규 채널이 영상 업로드를 하더라도, 유튜브 앱 사용자들에게 노출 자체가 잘 되지 않는 편입니다. 유튜브 알고리즘 입장에서는 검증되지 않은 신규 영상보다는 조회 수가 잘 나올 만한 기존 영상을 더 많이 노출시키는 편이 낫기 때문입니다.

따라서 첫 영상의 조회 수가 잘 나오지 않는 건 당연합니다. 그래서 '지금 유튜브를 시작하기엔 너무 늦은 거 아니야?'라고 생각할 수도 있습니다. 그럼에도 불구하고 지금 유튜브를 시작해서 빠르게 성장하여 돈을 벌고 있는 사람들도 있습니다. 물론 자신이 다음과 같은 케이스라면 조금 더 빠르게 채널이 성장할 수 있습니다.

▶ 원래부터 유명했던 연예인이나 인플루언서
▶ 외모가 출중하거나 사람들을 끌어당기는 유머가 넘치는 사람

▶ 나만의 특별한 콘텐츠 또는 성공 노하우가 있는 사람

그러나 대부분의 사람들은 위와 같은 사례가 아닐 확률이 큽니다. 저 역시 위와 같은 조건에 전부 해당하지 않았습니다. 그렇다면 다른 비결이 있을까요? 물론 어떤 분야이든 100% 성공 공식이라는 정답은 없습니다. 하지만 성공한 채널들의 공통적인 전략을 알게 되면, 여러분의 소중한 시간과 노력을 아낄 수 있습니다.

구독자, 조회 수가 많아야 돈을 벌 수 있을까?

많은 분들이 **유튜브 수익**이라면 조회 수에 붙는 광고 수익만을 생각합니다. 유튜브에서 요구하는 일정한 요건을 충족하면, **구글 애드센스**로 광고 수익을 받을 수 있게 됩니다. 다른 SNS와 달리 유튜브는 조회 수 자체에 따라 광고 수익이 크다는 점이 채널 운영자의 입장에서는 큰 장점입니다.

유튜브를 시작하는 분들은 일반적으로 광고 수익을 기대하면서 유튜브를 시작하는 분들이 많습니다. 영상만 올리면 돈을 준다니 솔깃합니다. 하지만 광고 수익을 지급받기 위한 최소 요구 조건을 채우기가 결코 쉽지 않습니다. 대부분 이 기준을 채우지 못하고 포기합니다.

간혹 영상 1~2개로 이 조건을 채워서 바로 수익화를 하시는 분도 있지만 일반적으로는 매주 1~2회씩 꾸준히 올린다고 가정했을 때, 최소 3개월부터 1년 이상의 시간까지도 소요됩니다. 게다가 수익 창출 조건을 어렵사리 채워도 바로 큰 수입이 들어오는 것은 아닙니다. 자신의 본업이나 월급 외 추가 수익을 벌 수 있다는 기쁨도 있지만, 꾸준히 영상을 업로드하는 노력에 비하면 막상 수익은 만족스럽지 못하다고 말하시는 분들이 많습니다.

NOTE **YPP와 유튜브 수익 창출 조건**

유튜브는 구독자 1,000명 이상과 더불어 공개 동영상의 시청 시간이 총 4,000 시간 또는 쇼츠 조회 수 1,000만 회를 충족하면 유튜브 파트너 프로그램(YPP, YouTube Partner Program) 광고 수익을 창출할 조건이 성립됩니다.

최근에는 YPP 가입 요건 자체는 구독자 500명 + 시청 시간 총 3,000시간 또는 쇼츠 조회수 300만 회로 줄어 들긴 했지만, 광고 수익 창출 조건은 변하지 않았습니다. 최소 요구 조건 충족 후 구글 애드센스 계정을 생성하면 그때부터 광고 수익을 받을 수 있습니다.

유튜브 광고 수익으로 수천 번다고?

일부 유튜버들이 '유튜브 광고 수익으로 수천만 원 번다' 혹은 '건물 샀다더라'라는 말이 심심찮게 들려옵니다. 그런데 현실적으로는 조회 수로 인한 광고 수익만으로 퇴사 후 전업 유튜버가 되기는 상당히 어렵습니다. 조회 수수익만으로 **500만 원~1000만 원**을 벌려면 정말 많은 시간과 노력을 소위말해서 '갈아 넣어야' 합니다. 냉정하게 말하면 갈아 넣는다고 해서 이렇게벌 수 있는 것도 아닙니다. 하지만 우리는 조회 수, 구독자에 연연할 필요가없습니다. 구독자, 조회 수가 많지 않아도 월 수천만 원을 버는 사람들도 있기 때문입니다.

05 | 구독자 수, 조회 수보다 중요한 건 브랜딩

▶ 유튜브 수익의 핵심은 상품 판매

유튜브를 통해 월 수천만 원을 번다는 사람들을 만나면 조회 수, 구독자가 많이 나오는 채널만 있는 건 아닙니다. 핵심은 바로 내가 가지고 있는 상품을 유튜브라는 채널을 통해 판매하는 것입니다. 여기서 말하는 **상품**이란, 물리적인 제품만 말하는 것이 아닙니다. **강의, 컨설팅, 전자책** 같은 **지식 정보**도 있으며 **의료, 법률, 소프트웨어 개발, 디자인** 등 서비스도 포함될 수 있습니다. 특히 자신이 현재 상품을 판매하고 있는 전문직, 자영업자, 개인 사업자라면 유튜브를 잘 활용하면 충분히 고수익으로 이어질 수 있습니다.

내 사업을 홍보하기 위해 대행업체를 끼고 신문 광고, 온라인 키워드 광고, 등 이것저것 시도해 보신 분들도 있을 것입니다. 홍보하는 만큼 효과가 어느 정도 있긴 하지만, 그만큼 매번 광고에 돈을 쓰기에는 부담스러울 수밖에 없습니다. 그렇다고 광고를 전혀 하지 않으면 비즈니스 연락 자체가 오지 않으니, 큰 비용을 들이면서도 어쩔 수 없이 계속하게 됩니다.

하지만 유튜브를 통한 홍보는 비용이 전혀 들지 않고, 검색창에 지속적으로 노출시킬 수도 있습니다. 브랜딩에도 유튜브가 효과적입니다. 즉 유튜브는 비용을 들이지 않고도 큰 효과를 낼 수 있는 최고의 마케팅 수단이라 할 수 있습니다. 유튜브라는 채널을 잘 활용하신다면 전국적인 판매망에서 돈 한 푼 안 들이고 홍보할 수 있습니다.

▶ 비즈니스 유튜버란?

전문직, 자영업자 분들이 유튜브를 통해 수익화를 하고 있습니다. 이러한 사람들을 **비즈니스 유튜버**라고 부릅니다. 비즈니스 유튜버에는 어떤 종류가 있는지 조금 더 자세하게 살펴보겠습니다.

전문직

《초보자가 유튜브로 1년 만에 유튜브로 연봉 5억》(민진홍, 정선의 저, 매일경제신문사, 2022)라는 책이 있습니다. 이 책의 공동 저자인 정선의 작가는 현재 <정엘의 가업승계 연구소>라는 유튜브 채널을 운영하고 있으며 구독자 수가 약 2.5만 명 정도인 이 채널에서 연 5억 원 이상의 수익을 내고 있다고 합니다.

이 유튜브 채널은 법조계에서 일하는 자신의 전문성을 살려서 '가업 승계'라는 주제의 콘텐츠를 다루고 있습니다. 그래서 가업 승계에 관심이 있는 기업 CEO, 사업가들이 이 채널을 주로 시청할 것입니다.

▲ 유튜브 채널 정엘의 가업승계 연구소

이렇게 특수한 분야는 해당 주제에 관심이 있는 시청자가 많지 않기 때문에 조회 수와 구독자 수가 많지는 않습니다. 하지만 이 영상을 시청하시는 분들이 컨설팅, 코칭 등 2차적인 비즈니스로 연결되는 경우가 상당히 많습니다. 그래서 유튜브를 통해 큰 수익을 낼 수 있는 것입니다. 카카오톡 채널, 홈페이지, 블로그 등의 링크를 연결하여 본인이 제공하는 서비스를 홍보합니다.

나의 전문성을 홍보하는 수단으로 유튜브를 활용하는 채널의 경우 구독자 수, 조회 수가 많지 않아도 충분히 잠재 고객을 확보하여 큰 수익을 낼 수 있습니다. 의사, 변호사, 세무사 등 전문직 종사자 분들이 유튜브를 홍보 수단으로 활용하는 사례가 최근 지속적으로 늘어나고 있습니다.

자영업자

자영업자의 사례를 살펴보겠습니다. 중년 여성을 타깃으로 계절별 맞춤 코디를 소개하는 유튜브 채널인 <모란tv>입니다.

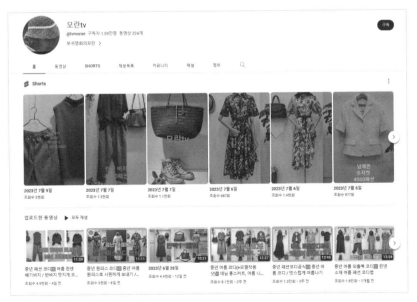

▲ 유튜브 채널 모란tv

이 채널의 주인은 옷가게를 운영하는 자영업자입니다. 유튜브 채널을 운영하며 지역이 한정된 오프라인 매장에서 옷을 팔던 분이 전국에 판매망을 갖게 되었습니다. 50~60대 중년 여성을 타깃으로 삼은 계절별 옷 코디 영상을 올리고, 영상의 설명 탭에 옷 정보를 소개하며 판매합니다. 유튜브를 시작한 이후로 **광고 수익**과 **온라인 판매 수익**으로 오프라인 판매 수익보다 훨씬 큰 수익을 낸다고 합니다.

지역 고객들 위주의 자영업을 하는 분이라면 이처럼 유튜브를 통해 전국적인 판매망을 확보하여 수익을 확대할 수 있습니다. 비즈니스 유튜브 채널을 운영하는 분들은 구독자, 조회 수에 집착할 필요가 없습니다. 의미 없는 조회 수 10만 회가 나오는 채널보다 조회 수가 고작 100회라도 그중 몇 명이 유튜브 채널을 통해 내 사업과 브랜드를 알게 되고, 상품을 구매하면 훨씬 큰 수익을 내기 때문입니다. 그래서 10만 회보다 강력한 100회가 될 수 있는 거죠.

그럼 여러분은 **월 200만 원을 버는 10만 구독자 유튜브 채널**과 **월 2,000만 원을 버는 5천 구독자 유튜브 채널** 중에서 어떤 쪽을 선택하실 건가요? 돈 버는 유튜브 채널의 핵심은 광고 수익보다는 유튜브 채널을 활용한 판매 수익입니다. 당장의 구독자, 조회 수보다 유튜브 채널을 통해 어떻게 내 상품을 홍보하고 돈을 벌 것인가를 생각하시는 것이 더욱 중요합니다.

지금 '저는 판매할 상품도, 전문 지식도 없는데 수익 창출을 할 수 있을까요?'라고 생각하셨나요? 아마도 이 책을 읽는 대부분의 독자 여러분은 한 분야의 전문가나 자영업자가 아니고, 비즈니스로 연결할 사업을 하고 있지 않은 분이라고 생각합니다. 하지만 걱정하지 않아도 됩니다. 판매할 상품이나 전문성이 없어도 수익화할 수 있는 방법이 있습니다.

바로 **지식 콘텐츠** 판매입니다. 남들보다 조금 더 많이 알고 있는 지식을 나만의 기준으로 정리하여 전자책 또는 컨설팅, 강의로 만들어서 판매할 수 있습니다. 지식 상품 판매는 비용이 들지 않기 때문에 누구나 시작해 볼 수 있다는 장점이 있습니다. 저 또한 전문성과 타고난 능력은 부족하지만 유튜브를 활용해서 유튜브 강의 및 컨설팅 등을 진행할 수 있었고, 수익을 낼 수 있었습니다. 하지만 여기까지 읽은 대부분이 이렇게 생각하실 겁니다. '저는 판매할 만한 특별한 지식이나 전문성이 없는데요?', '지식 콘텐츠는 전문가만 할 수 있는 것 아닌가요?'라고 말입니다.

과연 그럴까요? 요즘은 사람들의 관심사가 개인의 취미 활동이나 가치관에 따라서 더욱 다양해지고 있습니다. 초보가 왕초보를 가르치는 시대입니다. 따라서 자신이 특별한 기술, 지식, 재능이 없더라도 그 분야에 이제 막 관심을 갖게 되는 다른 사람들보다 아주 약간만 더 많이 아는 정도면 충분합니다. 그런 카테고리로 유튜브를 시작하시면 좋습니다. 내가 반드시 공인받은 전문가일 필요도, 경력이 많아야 할 필요도 없습니다.

실제로 지금도 많은 분들이 남보다 조금 더 아는 나의 지식을 판매하고 있습니다. 예를 들어 '일주일에 7만 원으로 4인 가족 밥상 차리는 방법'이나 '전업 주부를 위한 가계부 작성 방법'도 가능합니다. 이처럼 본인에게는 아주 당연한 일이지만 누군가에게는 꼭 필요한 내용일 수 있습니다. 최근에는 줌 (Zoom) 등 화상 회의 플랫폼으로 온라인에서 만나면 되기 때문에 전국의 사람들을 모집할 수도 있습니다.

> **TIP** 강의가 부담스럽다면 전자책, 모임, 챌린지 형태로 진행해 보실 수도 있습니다. 이는 196쪽에서 더 자세하게 설명합니다.

▶ 전문성보다는 고객 맞춤형 판매 ≡

우리는 한 우물을 깊게 파는 전문성이 있어야 경쟁에서 살아남는다고 믿는 경향이 있습니다. 자신이 선택한 분야에서 '장인'이 될 정도로 수십 년간 노력해야 성공한다고 말이죠. 물론 틀린 말은 아닙니다. 여전히 전문성은 중요합니다. 하지만 시대가 바뀌며 온라인 환경이 보편화되고 있습니다. 전 세계의 사람들을 대상으로 사업을 할 수 있으니, 최고가 되기보다는 오히려 고객을 위한 맞춤형 판매를 잘 준비해도 성공할 수 있습니다.

예를 들어, 코딩을 전혀 모르지만 홈페이지를 만들어보고 싶은 사람이 있다면 이런 사람이 10년 차 코딩 전문가에게 굳이 배울 필요가 있을까요? 오히려 코딩을 막 배워서 홈페이지를 만들어 본 사람에게 배우는 게 더 효과적일 수 있습니다.

저도 영상 편집을 가르치지만 영상 제작의 전문가가 아니었습니다. 유튜브에는 영상 제작을 전문으로 해오신 영상 PD님들의 채널도 많이 있습니다. 하지만 영상 제작을 한 번도 해보지 않은 초보 고객에게는 저의 채널에서 소개하는 정보가 훨씬 더 와닿을 것입니다. 그 말은 어떤 분야이든지 초보자 시장이 수요가 가장 크다는 뜻입니다. 그래서 <유튜브신쌤>이라는 유튜브 채널이 초보자에게 유튜브와 편집을 알기 쉽게 알려주는 채널이구나!'라는 인식이 널리 퍼지기 시작하며 고객 모집은 훨씬 더 쉬워졌습니다. 이렇게 '타 깃 고객을 어떻게 정하느냐?'에 따라서 여러분도 유튜브 안에서 전문가가 될 수 있습니다.

▲ 유튜브 채널 유튜브신쌤

전문가의 기준을 반드시 한 분야의 최고라고 생각하지 마세요. 타깃 고객 인 시청자보다 약간 더 경험한 노하우만 있어도 충분합니다. 지식 상품 판매 는 남들보다 한 발만 앞서 있으면 누구나 할 수 있습니다. 지금은 실력과 능 력이 뛰어난 사람보다 브랜딩을 잘하는 사람이 대중의 공감을 얻고 더 크게 성장할 수 있다는 점을 기억하시기 바랍니다.

실행력! 완벽하지 않아도 도전하자

주변에 보면 무엇이든 열심히 배우는 사람이 있습니다. 하지만 이렇게 공부를 하는 분 중에서는 배우기만 하고 실행은 하지 않는 분도 많이 봤습니다.

이런 분들의 공통점은 '완벽하게, 확실히 배운 다음에 실행하겠다!'라고 생각하는 것입니다. 하지만 보통 이런 분들이 시작조차 못하거나 중간에 포기할 확률이 높습니다. 제 강의를 듣는 분들 중에서도 결국 유튜브 채널을 성공적으로 운영하는 분들의 특징은 그날 배우면 바로바로 실행해 보는 분들입니다.

비록 영상의 퀄리티도 떨어지고, 마음에 들지 않더라도 일단 시도해 보세요. 지금 우리가 보는 10만, 100만의 인기 유튜브 채널도 처음부터 지금처럼 퀄리티가 좋은 영상이었을까요? 100만 구독자의 채널도 첫 영상을 찾아서 보면, 그들도 우리와 마찬가지로 퀄리티가 형편없는 경우가 많습니다. 하지만 조금씩 수정해 나가고 보완하다 보니 지금의 모습이 된 것입니다.

그래서 '이렇게 올리면 어떨까?', '이렇게 해야 반응이 좋구나!'라는 경험을 통해, 일단 시도하면서 직접 깨닫는 게 가장 빠르게 배우는 방법입니다. 유튜브를 시작만 해도 상위 2%의 실행력을 가지고 있다고 생각합니다. 일단 마음을 먹었다면 큰 기대를 하지 말고, 당연히 실패할 수도 있다는 걸 염두에 두고 영상을 한번 올려 보시기 바랍니다.

지구력! 시작했으면 일단 6개월은 지속하자

처음에는 다들 열정을 가지고 유튜브를 시작합니다. 그런데 대부분 한 달을 못 가서 포기합니다. 영상의 조회 수가 생각만큼 나오지 않기 때문입니다. 모든 일이 마찬가지입니다. 처음부터 내가 원하는 성과를 낼 수는 없습니다. 처음 한두 달은 구독자와 조회 수를 생각하지 말고, 꾸준하게 영상을 업로드하는 데 집중해야 합니다. 놀랍게도 어느 순간 조회 수가 **급상승**하는 영상이 나옵니다.

아래의 그래프를 살펴보면, 영상 업로드 후 이틀간은 조회 수가 전혀 나오지 않았습니다. 그런데 3일째가 되는 날부터 알고리즘 덕을 보면서 빠르게 조회 수가 높아졌습니다. 영상을 업로드하고 조회 수가 얼마나 나오는지 실시간으로 계속 찾아보지 마세요.

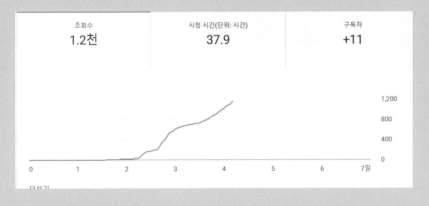

조회 수가 생각만큼 나오지 않으면 금방 좌절하기 쉽습니다. 처음의 의지가 꺾이게 되고, 설상가상 바쁜 일이라도 생기면 업로드를 자꾸만 미루다가 어느 순간 유튜브를 포기하게 됩니다. 유튜브는 영상 몇 개 올렸다고 빠르게 성장하지 않습니다. 조회 수, 구독자 연연하지 말고 언젠가 분명히 성장한다고 생각하면서 최소 3개월에서 6개월 정도는 꾸준히 해보시기 바랍니다.

결국 어떤 일이든 마찬가지지만 **실행력**과 **지속성**이 가장 중요합니다. 완벽함은 잠시 내려놓으셔도 좋습니다. 일단 뭐든 시작해 보고 조금씩 보완해 나가면 됩니다.

너무 거창한 목표를 세우지 말자

대부분 유튜브를 시작할 때 유튜브로 월 1,000만 원 벌기 또는 3개월 안에 구독자 1,000명 만들기 같은 커다란 목표를 설정합니다. 그러다 보니 실제 유튜브를 운영해 보면 금방 좌절합니다. 일단 '영상 10개 업로드'를 첫 목표로 잡아보세요. 10개를 다 만들면 콘텐츠가 더 이상 없지 않을까? 하고 생각할 수 있습니다. 하지만 10개를 어떻게든 만들면 더 많은 콘텐츠가 나오게 됩니다.

저 또한 유튜브를 처음 할 때는 생각해 놓은 콘텐츠가 10개도 되지 않았습니다. 하지만 지금 제 채널에는 약 250개의 영상이 있습니다. 지속하면 새로운 아이디어, 노하우가 생기기 마련입니다. 이번에도 책만 읽지 마시고 책을 읽고서 어떻게든 실행을 하는 게 진짜 시작입니다.

CHAPTER 2

★ ★ ★ 첫 번째 영상 제작하기

유튜브를 처음 할 때 가장 고민하는 점은
도대체 어떤 주제로 시작할까입니다.
주제를 제대로 정하지 않으면 아무리 영상을 꾸준히 만든다
하더라도 조회 수로 이어지지 않을 수도 있습니다.
자신에게 알맞은 채널 주제를 선정하는 방법을 알려드리겠습니다.

01 | 채널 주제 선정하기

▶ 성장하는 유튜브 채널의 조건

'이미 많은 사람이 유튜브를 하고 있는데 지금 해도 될까?', '유튜브를 시작하기엔 너무 늦은 건 아닐까?'라고 고민하고 계신가요? 유튜브를 처음 시작하는 분들은 이미 경쟁자가 너무 많아서 늦었다고 생각합니다.

제가 유튜브를 처음 시작했던 2018년에도 '유튜브는 레드 오션이다'라는 말이 똑같이 있었습니다. 하지만 지금도 여전히 빠르게 성장하는 채널이 많습니다. 물론 4~5년 전에 비해 새로운 채널들이 많이 생겼기 때문에 아무 영상이나 올려서 성장하는 건 절대 아닙니다. 사람들이 원하는 영상을 만들고 남들과 차별화되는 나만의 특색이 있어야 합니다. '나는 딱히 특별한 주제가 없는 것 같아.'라고 생각하시나요? 걱정하지 마세요. 이제 다음 기준들을 살펴보고, 나만의 주제를 찾아봅시다.

❶ 명확한 콘셉트

처음 유튜브를 시작하는 분들은 여러 주제를 고민합니다. 나의 전문 분야는 물론이며, 해보고 싶은 주제가 다양하기 때문에 이런저런 영상을 모두 올리고 싶어합니다. 하지만 유튜브 채널을 보다 효과적으로 운영하려면 반드시

한 가지 분야의 주제로 결정해야 합니다.

막연하게 조회 수가 잘 나올 것 같다고 어느 날은 유행하는 영화 리뷰, 다른 날은 인기 있는 음식 먹방, 또 다른 날은 여행간 김에 찍은 브이로그 등 이런 식으로 영상을 올리면 절대 그 채널은 성장하지 않습니다. 이 유튜브 채널은 'OOO을 다루는 채널!'이라고 콘셉트를 명확하게 선정해야 합니다.

❷ 구체적인 타깃 설정

이 채널의 잠재 고객은 누구일까? 즉 누가 내 영상을 시청할까를 고민하고 주제를 선정해야 합니다. 단순히 그 타깃 시청자의 연령이나 성별 등이 아니라, 직업이나 관심도 등을 구체적으로 정해야 추후에 채널이 성장하기도 수월하며 수익화에 도움이 됩니다. 조금 더 자세히 예를 들면 아래와 같습니다. 이렇게 타깃을 구체적으로 좁힐수록 브랜딩에 효과적입니다.

▶ 새로운 패션 트렌드에 관심이 많은 50대 여성
▶ 월급 외 퇴근 시간을 활용해 수익 실현 방안을 고민하는 20~30대 직장인
▶ 생활 재테크 꿀팁을 찾고 있는 30대 육아맘
▶ 중소기업을 운영하면서 온라인으로 사업 확장을 원하는 30대 중후반 사장님

❸ 사람들의 수요가 많은 주제

내가 자신 있는 분야인데 관련 유튜브 채널이 거의 없다면 좋은 주제일까요? 보통 머릿속에 이런 주제가 떠오르면, 아직 남들이 생각하지 못한 최고의 **블루 오션**이라고 생각하실 수 있습니다. 그런데 이 방법은 효과적이지 못할 때가 많습니다.

유튜브는 독특한 주제보다는 오히려 관련 내용이 이미 많은 주제가 더 많이 노출됩니다. 구독자가 많고 조회 수가 잘 나오는 주제는 그만큼 수요가 있다

는 뜻입니다. 그러니 아래의 2가지 질문을 고민하며 주제를 정해야 합니다.

▶ 내가 하려는 분야의 인기 채널로 구독자가 10만이 넘는 채널이 여럿 있는가?
▶ 관련 주제의 채널들도 최근 1~2개월 내의 영상 조회 수가 잘 나오는가?

그럼 여기서 '이미 유명한 채널이 많이 있는데 내 영상을 볼까?'라는 의문이 떠오릅니다. 유튜브는 **탐색, 추천** 기반의 알고리즘으로 구성되어 있습니다. 따라서 인기 채널의 영상을 시청한 시청자들이 알고리즘의 추천을 받아 관련 주제인 내 영상도 볼 수가 있게 됩니다. 결국 남들이 전혀 하지 않는 주제라면 내가 만든 영상이 추천을 받을 수 있는 상위 노출된 영상이 없기 때문에, 열심히 만든 영상임에도 노출조차 되지 않을 수도 있습니다.

❹ 기존 채널과 차별화된 포인트

사람들이 많이 하는 주제로 시작하되, 내 영상을 보게 하기 위해서는 기존 채널과의 차별화가 필요합니다. 반드시 다른 채널보다 조금 더 나은 정보를 애써 발굴해서 소개할 필요는 없습니다. 중요한 건 **나만의 스토리**입니다. 정보가 비슷하다면 나만의 경험과 스토리를 바탕으로 이야기를 해야 차별화된 콘텐츠를 만들 수 있습니다.

❺ 수익 실현을 할 수 있는가?

만약 수익을 목적으로 유튜브를 운영하고 싶다면, 이후에 어떤 방식으로 수익을 창출할지 항상 고민하며 채널을 운영해야 합니다. 반대로 단순히 조회수 자체가 목표라면 연예인, 핫 이슈를 다루는 채널을 만들 수도 있습니다. 하지만 이러한 채널은 비록 조회 수가 많이 나온다 하더라도 조회 수로 인한 광고 수익 외에는 수익화로 이어질 방법이 없습니다.

이 책에서 다루는 유튜브 운영의 목표는 '유튜브를 활용한 수익화'입니다. 누구나 알아줄 만큼 채널이 크게 성장하지 않더라도 유튜브를 비즈니스 루트로 활용하는 방법을 고민해야 합니다. 따라서 채널을 키워서 어떻게 상품을 판매하거나, 본인의 전문성을 살려 교육 플랫폼 등으로 활용하면 좋을지, 정말로 결과를 만들어 낼 수 있는지 고민하시기 바랍니다.

분야	수익화 케이스
교육	자녀 입시 교육 성공 경험 비전공자를 위한 코딩 교육
자기계발	독서 커뮤니티 운영 미라클 모닝 모임 운영
부동산	경매 투자 강의 부동산 매물 판매(공인중개사)
사업가	사업 노하우 코칭 지식 판매(강의, 전자책, VOD)
육아	유아용품 판매 자녀 양육 관련 교육
건강	건강 증진 운동 코칭 건강 관련 용품 판매

▲ 채널 주제에 따른 수익화 케이스

▶ 어떤 주제로 시작할지 고민된다면?

❶ 전문가 - 내가 하는 일과 연결된 콘텐츠

직장인, 자영업자, 사업가 등 자신이 특정한 분야의 일을 하고 있다면 업종과 관련된 내용으로 하는 것이 가장 좋습니다. 남보다 더 전문성이 있기 때문에 콘텐츠를 생산하기도 비교적 수월합니다. 또한 전문 지식을 바탕으로 추후 상품 판매, 컨설팅 등의 비즈니스를 할 수도 있습니다.

단, 여기서 말하는 전문성이란 고도의 전문 지식을 말하는 게 아닙니다. 대중적으로 많은 사람들이 관심 있는 주제 중에서, 내가 하는 업무와 관련된 내용으로 콘텐츠를 만드는 것이죠. 예를 들어, 은행 등 금융 관련 일을 한다면 재테크 노하우를 알려주는 채널을 시작할 수 있으며, IT 업계에서 일한다면 사람들이 좋아하는 IT 기기를 쉽게 풀어서 설명하거나 프로그램 사용법을 알려주는 채널을 만드는 것입니다.

❷ 경험담 - 남들과 다른 환경과 에피소드

만약 자신이 현재 남들과 조금은 다른 일상을 보내고 있거나, 흥미로운 경험이 쌓이고 있다면 그 주제로 시작해도 좋습니다. 여기서 다른 일상이나 경험은 TV에서 소개될 정도로 독특하고 놀라운 아주 특별한 삶을 말하는 게 아닙니다.

예를 들면 **육아**, **반려동물**, **취업준비생** 등의 소소한 일상을 콘텐츠로 만드는 것입니다. 이러한 콘텐츠는 실감나는 일상을 소개할 수 있기 때문에 사람들의 공감을 쉽게 얻을 수 있습니다. 무엇보다 생활 속에서 에피소드를 만들기 편하므로 꾸준하게 콘텐츠를 생산할 수 있습니다.

❸ 애호가 – 좋아하고 자신 있는 분야

사실 좋아하지 않는 주제라면 보상도 없이 꾸준히 지속하기란 어렵습니다. 자신이 정말로 좋아하는 분야의 내용이라면 촬영 등 영상을 만드는 모든 과정에서 부담을 가지지 않고 자연스럽게 콘텐츠를 채널에 차곡차곡 쌓을 수 있습니다. 지속하다 보면 그 분야에서 유명한 사람이 될지도 모릅니다.

당장은 어떤 전문성이 있거나 재능이나 특별한 경험이 없다고 걱정할 수도 있습니다. 일단은 관심 있는 분야의 주제로 시작해 보세요. 유튜브를 잘하기 위한 중요한 조건은 **지속성**입니다. 남들보다 무언가를 조금 더 잘하는 재주가 있다면, 그에 대한 이야기를 소개하는 것도 좋습니다. 특출한 재능이 아니어도 자신의 주변에 있는 사람들보다 약간 더 알거나 잘하는 것이면 충분합니다.

▶ 멘토 유튜버 만들기 ☰

유튜브를 빠르게 성장시키는 가장 좋은 방법은 내가 하고자 하는 주제에 이미 앞서 있는 유튜버를 찾아서 닮고 싶은 점을 분석하는 것입니다. 즉 **가상 멘토**를 만드는 것인데요, 아래에서 제안하는 질문을 고민하면서 가상 멘토를 만들어 봅시다. 멘토로 삼을 유튜브 채널의 장점을 최대한 흡수하겠다는 마음으로 살펴보시기 바랍니다.

▶ 어떤 콘텐츠를 최근에 올리는가?

▶ 어떤 영상의 조회 수가 특히 많이 나왔는가?

▶ 어떤 문구에 이끌려 클릭하게 되었는가?

▶ 영상은 어떤 스타일로 제작되었는가?

▶ 영상은 언제 업로드하는가?

빠르게 성장하는 유튜브 채널은 사람들을 끌어당기는 이유가 반드시 있습니다. 이렇게 가상 멘토 유튜버들의 영상을 자주 보고 대본의 구조, 영상 제작 방식, 썸네일의 이미지와 문구, 영상의 제목 등이 어떠한 특징을 갖고 있는지 분석해 보세요.

영상을 만들 때 자신이 처음부터 끝까지 창의적으로 무언가를 만들려고 하기보단, 비슷한 주제에 조회 수가 잘 나오는 영상을 분석하고 벤치마킹하면서 따라해 보는 것이 성장의 가장 빠른 지름길입니다. 단, 표절처럼 모든 걸 따라 하는 것이 아니라 그 영상을 벤치마킹하되 나만의 개성을 고민하며 차별화 포인트를 만들어야 경쟁력 있는 나만의 영상을 만들 수 있습니다.

> **TIP** 이러한 가상 멘토를 설정할 때는 구독자가 이전부터 많았던 대형 채널보다는 비교적 최근에 유튜브를 시작했고 구독자 대비 빠르게 성장하는 채널을 찾는 게 더 효과적입니다. 자신이 정한 분야에서 이런 특징을 갖고 있는 유튜브 채널을 5개 정도 찾아서 리스트업을 하고 평소에도 자주 방문하면서 채널을 살펴보시기 바랍니다.

하고 싶은 주제가 너무 많아요.

호기심이 많고 열정적인 성격이라면 평소에 관심이 있는 주제가 다양하거나 채널을 시작하고 싶은 주제가 많아서 고민하고 계실 것입니다. 간혹 이렇게 관심사가 많으면 3~4개의 채널을 동시에 운영해 보겠다고 이야기하는 분도 있습니다. 그런데 유튜브 채널은 빠르게 성장하지 않습니다. 약 3~4개의 채널에 매주 1~2회씩 영상을 올리기에는 예상보다 훨씬 많은 시간과 노력이 소모됩니다. 그러다 보면 운영하는 채널들 모두 이도 저도 아니게 될 수도 있습니다. 따라서 메인으로 운영하고 싶은 채널을 하나만 정하고, 정말 원한다면 서브로 하나 정도만 더 진행해 보는 것을 권장합니다.

저는 매력적인 콘텐츠가 없는 것 같아요.

당신 안에는 당신만의 콘텐츠가 반드시 존재합니다. 당장 어떤 콘텐츠로 유튜브를 시작할지 정하지 못했나요? 그럼 아래의 내용을 읽으며 충분히 고민하고 주제를 선정해 보시기 바랍니다. 떠오른 콘텐츠가 여러 개라면 그중에 무엇이 조회 수가 많이 나오는 주제인지 유튜브에서 검색을 하면서 스스로 찾아보고, 조회 수가 잘 나오는 주제로 시작하는 것을 추천합니다.

- ▶ 살면서 꽤 자주 듣는 칭찬(장점)
- ▶ 남들보다 유독 부족하다고 생각하는 특징(단점)
- ▶ 누군가 시키지 않아도 시간을 내서 하는 일(좋아하는 것)
- ▶ 주변에서는 어렵다는데 나는 어렵지 않은 것(잘하는 것)
- ▶ 남들보다 내가 조금 더 많이 아는 것(전문성)
- ▶ 사람들이 번거로워하거나 힘들어하는 일(수요)

주제는 있는데 지속적으로 만들 콘텐츠가 없어요.

간혹 '주제를 정했지만 구독자에게 자주 알려줄 만한 콘텐츠가 없는데 어떻게 지속하죠?'라고 물어보는 분도 있습니다. 유튜브 콘텐츠는 설령 그 분야의 전문가라고 해도 아는 것을 바로 영상으로 제작하는 경우는 드물며 공부와 준비를 통해 만들어집니다. 따라서 여러분이 당장 그 분야에 대한 다양한 경험이 없어도 괜찮습니다. 전문 사이트, 책, 유튜브, 블로그를 찾으면 정보는 도처에 있습니다. 그 내용들을 공부해서 나만의 방식으로 소화하면 됩니다. 이렇게 꾸준히 하다 보면 어느 순간 전문가가 될 것입니다.

▶ 초보 유튜버가 피해야 할 콘텐츠　　　　　≡

꾸준히 한다고 반드시 채널이 성장하진 않습니다. 최신 트렌드를 고려했을 때 가급적 피하면 좋을 주제를 소개합니다.

❶ 지나치게 평범한 브이로그

내가 연예인이나 유명인이 아닌 이상, 나의 일상(여행, 운동, 요리 등)을 소개하는 채널은 성공하기 어렵습니다. 만약 평범한 브이로그가 아니라 일반 사람과 조금 다른 특별한 일상을 보여주거나 자신의 매력이 충분히 드러나는 브이로그라면 괜찮습니다.

❷ 비용이 많이 드는 콘텐츠

호텔 리뷰, 해외 여행 채널 등의 콘텐츠는 꾸준히 지속하기 어려울 수 있습니다. 채널이 빠르게 성장하면 좋겠지만, 성장하기 전까지 경제적인 투자가 필요한 콘텐츠는 비용 등의 문제로 중간에 포기할 가능성이 큽니다.

❸ 전문 교육 콘텐츠

사람들이 어떤 상황에서 유튜브를 볼까요? 일반적으로는 재밌는 영상, 흥미로운 영상을 보려고 유튜브 앱을 실행합니다. 때때로 비교적 간단한 정보를 찾을 때도 있습니다. 아직까지 전문적인 지식을 공부하기 위해 유튜브를 찾는 경우는 적은 편입니다. 각 분야의 박사 혹은 전문가 분들이 전공 지식이 가득한 어려운 용어로 진행하는 콘텐츠의 조회 수가 적은 이유입니다.

❹ 글과 배경음악으로만 구성된 콘텐츠

영상을 시청한다는 것은 시각과 청각을 동시에 사용하는 일입니다. 그래서 영상에 따라서는 시각적 자료보다 청각적 자료의 영향력이 더 큰 경우도 있습니다. 내레이션이 없고 영상 위에 글과 배경음악만 나오는 콘텐츠는 끝까지 집중하기 힘듭니다.

❺ 트렌드가 지나서 이미 경쟁자가 많은 콘텐츠

먹방, 뷰티, 요리 등 한때 조회 수가 잘 나오던 콘텐츠가 있습니다. 하지만 트렌드가 조금씩 바뀌면서 관련 콘텐츠를 하는 분들은 많이 늘었으나, 예전만큼 시청하는 사람들은 별로 많지 않습니다. 이처럼 트렌드에 민감한 콘텐츠는 당장 반응이 어떤지 동향을 잘 살피고, 최근 조회 수가 적어 유행이 지난 콘텐츠인지 아닌지 확인해 주세요. 단, 이러한 콘텐츠도 나만의 차별화 포인트가 있다면 도전해도 좋습니다.

02 유튜브 채널 개설하기

▶ 채널 개설 및 기본 설정 ☰

유튜브는 구글(Google)에서 서비스하는 동영상 공유 플랫폼입니다. 따라서 구글 계정이 있다면 유튜브 채널을 만들 수 있습니다. 하나의 계정으로도 여러 개의 유튜브 채널을 만들 수 있습니다. 그러므로 이미 구글 계정이 있다면 새롭게 계정을 만들 필요는 없습니다.

채널 개설에 대한 자세한 설명은 아래의 영상에서 소개합니다. 영상을 보고 책을 읽으면 훨씬 이해하기 쉽기 때문에 먼저 보는 것을 추천합니다.

2023년 유튜브 시작하려면? 이대로만 따라하세요! 채널개설 셋팅 방법 (처음...

① 채널명 짓기

채널명은 주 콘텐츠가 무엇인지 채널명만 봐도 알 수 있게 지어야 합니다. 예를 들어보겠습니다. 아래의 3가지 예시는 채널명만 보았을 때 어떤 주제의 채널인지 전혀 파악할 수 없습니다.

▶ 보글보글TV

▶ 느림보 거북이

▶ 채은경TV

이제 채널명을 잘 지은 아래의 2가지 예시를 살펴보겠습니다.

 떡볶퀸 Tteokbokqueen ✓
@Tteokbokqueen 구독자 49.7만명 동영상 570개
세상의 모든 떡볶이를 소개합니다! ❯

 직업의모든것 ✓
@JMunibus 구독자 89.5만명 동영상 391개
뜻 지(志) 깊을 담(覃) 저의 호는 '지담' 입니다.

이 두 채널을 보면 채널명만 봐도 어떤 채널인지 이해할 수 있습니다. **떡볶퀸**은 '떡볶이를 소개하는 채널'이라는 사실을 알 수 있으며, **직업의 모든 것**은 '여러 직업 관련 정보를 알려주는 채널'이라는 정보가 단박에 떠오릅니다. 이처럼 채널명은 누구나 이해하기 쉽게 만드는 게 좋습니다. 만약 한 단어로 채널을 설명하기 어렵다면 채널명에 설명 문구를 다는 것도 좋은 방법입니다.

> **NOTE** **인지도를 쌓을 때까지는 채널명을 길게 설정한다**
> 채널명은 추후에 변경할 수 있기 때문에, 처음 유튜브를 시작할 때는 채널명을 길게 쓰면서 채널을 소개하는 설명 문구까지 쓰는 편이 좋습니다. 유튜브신쌤 채널도 처음에는 '유튜브와 영상 편집 유튜브신쌤'이라는 채널명을 사용했습니다. 어느 정도 인지도가 생긴 후에 지금은 '유튜브신쌤'이라는 이름으로 수정했습니다.

❷ 핸들(아이디) 수정하기

핸들은 채널 고유의 아이디입니다. 유튜브신쌤 채널의 핸들은 아래와 같이 @youstart입니다.

최근에는 영상에 댓글을 달 때 채널명이 아니라 **핸들**이 표시됩니다. 여러분이 댓글을 달 때 @user- 로 시작하면 아직 핸들을 수정하지 않은 상태입니다. 만약 채널을 운영하면서 핸들이 아직도 @user로 시작하면 아직 준비가 되지 않은 채널이라는 인상을 줍니다. 따라서 핸들명도 나의 채널을 알릴 수 있는 **영문명 아이디**로 수정하기 바랍니다.

❸ 채널 로고와 채널 아트(배너) 만들기

길거리를 다닐 때 식당이나 상점에서 간판이 가장 먼저 눈에 들어오듯이, 온라인에서는 **채널 로고**와 **채널 아트**가 간판 역할을 합니다. 특히 채널 아트는 내 채널의 특색을 명확하게 보여줄 수 있기 때문에 좀 더 구체적인 소개를 하면 좋습니다. 내 유튜브 채널을 방문한 사람들이 '나'라는 브랜드를 확실히 알 수 있도록 채널명에서 다 설명할 수 없는 이 채널에 대해 구체적으로 소개하는 공간이라고 생각하면서 만들어 주세요.

▲ 유튜브신쌤 채널 아트

채널 로고, 채널 아트 디자인은 미리캔버스(https://www.miricanvas.com/ko)에서 무료로 제작할 수 있습니다. 미리캔버스는 완성도 높은 디자인 템플릿을 제공하므로 디자인 초보도 쉽게 제작할 수 있는 유용한 사이트입니다. 미리캔버스의 디자인 페이지에서 상단의 크기 조정 탭을 열고 [유튜브]를 클릭하면 [채널 로고], [채널 아트], [썸네일]을 규격에 맞춰 만들 수 있습니다.

채널 아트를 클릭하면 아래와 같이 디자인된 템플릿이 나오며, 문구와 이미지를 일부 수정하면 쉽게 만들 수 있습니다.

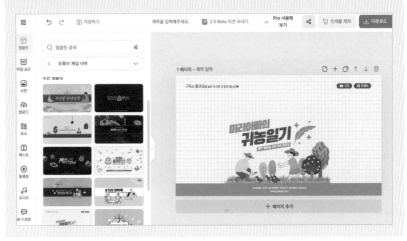

❹ 채널 로고와 채널 아트 적용하기

채널 로고와 채널 아트를 적용하는 방법을 알려드립니다.

01 유튜브에서 오른쪽 위의 **계정 프로필**을 클릭합니다. 여기서 [YouTube 스튜디오]를 선택합니다.

02 왼쪽 메뉴 바에서 [맞춤 설정]을 선택하고 [브랜딩] 탭을 클릭합니다. 여기서 **프로필 사진**을 **채널 로고**로 변경하거나, **배너 이미지**를 **채널 아트**로 변경할 수 있습니다.

03 | 빠르게 성장하는 콘텐츠를 찾는 공식

▶ 영상 제작 프로세스와 콘텐츠 기획 ☰

최근 유튜브 채널 운영을 위한 장비와 프로그램이 많이 나오고 있습니다. 그래서 몇 년 전에 비하면 조금 더 쉽고 빠르게 영상을 만들 수 있는 환경이 되었고 영상 제작 경험이 없어도 조금만 배우면 어렵지 않게 시작할 수 있습니다. 이번 레슨에서는 누구나 쉽게 따라할 수 있는 영상 제작 방법에 대해 소개해 드리겠습니다. 우선 유튜브 영상 제작은 크게 6단계로 나눠볼 수 있습니다.

유튜브 영상 제작 프로세스	
1단계	콘텐츠 기획
2단계	대본 작성
3단계	영상 촬영
4단계	영상 편집
5단계	제목 및 썸네일 제작
6단계	영상 업로드(설명, 태그 등 추가)

많은 분들이 유튜브를 시작한다고 결심하면 3단계와 4단계인 영상 촬영, 편집을 먼저 배우려고 합니다. 그런데 실제로 유튜브를 시작하면 고가의 촬영 장비, 편집의 퀄리티는 생각보다 중요하지 않다는 걸 느낄 것입니다. 촬영, 편집 스킬이 부족해도 콘텐츠만 좋다면 얼마든지 채널이 성장할 수 있습니다. 그럼 무엇이 중요할까요? 바로 가장 처음에 시작하는 **콘텐츠 기획**입니다.

최근 이슈를 다루면 조회 수가 높아진다

유튜브를 처음 시작하시는 분들은 무작정 내가 재밌는 주제로 시작하시는 분들이 많습니다. 그런데 내가 원하는 콘텐츠를 사람들도 좋아할까요? 유튜브 채널 성장의 핵심은 바로 어떤 콘텐츠의 영상을 기획하느냐에 있습니다. 사람들이 많이 시청할 만한 콘텐츠 주제를 찾고 기획하는 것이 유튜브의 핵심 기술이라 할 수 있습니다. 소위 사람들이 말하는 '유튜브 각'을 만들어야 한다는 뜻입니다.

최근 이슈를 다룬 영상은 조회 수가 잘 나옵니다. 야구, 축구 등 스포츠부터 IT 관련 신기술까지 종목별로 최근 이슈가 있습니다. 우선 내가 선택한 주제 내에 최근 이슈가 되는 소식이 있는지 꾸준히 동향을 살펴봐야 합니다. 최근 이슈가 되는 주제를 다루는 영상을 빠르게 만들어 올린다면 채널을 빠르게 성장시킬 수 있습니다.

한때 엄청난 인기를 끌었던 '연돈'이라는 식당을 아시나요? '백종원의 골목식당' 방송 이후로 많은 유튜버들이 새벽부터 줄을 서가면서도 연돈을 방문했습니다. 그 이유는 맛도 있지만 조회 수가 반드시 오르는 이슈였기 때문입니다.

그 당시 연돈에서 먹는 모습을 촬영했던 먹방 유튜버와 맛집 유튜버들은 대부분 높은 조회 수를 기록했습니다. 이처럼 조회 수 성장을 위해서 가장 효과적인 방법은 현재 이슈를 빠르게 찾는 것입니다. 그럼 어떤 방법으로 내가 찾은 주제가 이슈인지 알 수 있을까요? 정답은 바로 유튜브 안에 있습니다.

관련 채널 중 평균보다 조회 수가 높은 영상 찾기

가장 좋은 방법은 내가 하려는 주제의 인기 채널들을 잘 살펴보는 것입니다. 최근 업로드된 영상 중 다른 영상에 비해 특히 조회 수가 많이 나오는 영상을 찾아보세요. 그 주제가 이슈가 되는 주제일 가능성이 큽니다. 그렇기 때문에 내가 하려는 주제의 벤치마킹할 유튜브 채널을 자주 보면서 특히 조회수가 많이 나오는 영상을 찾는 것이 이슈 콘텐츠를 찾는 가장 손쉬운 방법입니다.

이해하기 쉽도록 유튜브신쌤 채널을 예로 들어보겠습니다. [동영상] 탭을 선택하고 [최신순]으로 필터를 설정합니다. 여기서 최근 1개월 이내에 업로드된 영상 중에서 다른 영상보다 조회 수가 잘 나온 영상이 있는지를 찾아봅니다.

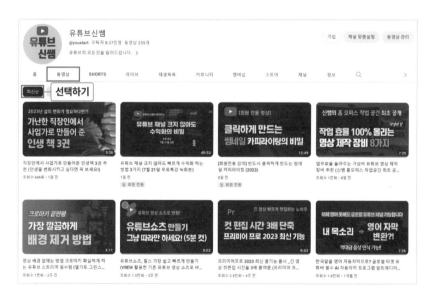

여기서는 영상 편집 프로그램 소개와 유튜브 쇼핑 관련 주제의 조회 수가 높습니다. 만약 유튜브 관련 채널을 운영한다면 이 화면에서 조회 수가 잘 나온 주제를 벤치마킹하는 거죠. 조회 수가 잘 나온 영상은 요즈음에 사람들이 관심 있는 주제일 확률이 높습니다.

검색 상위로 노출되는 영상 중 최근 업로드

검색 상위로 노출되는 영상 중에서 최근 업로드를 살펴봐야 합니다. 대표적인 예로 2023년 1~2월에는 ChatGPT가 이슈였습니다. 그래서 2023년 2월에 ChatGPT를 검색하면 상단에 비교적 최근에 업로드한 영상이 노출되어 있습니다. 만약에 조회 수가 모두 높다면 해당 주제는 뜨거운 이슈인 주제라고 생각할 수 있습니다.

여기서 하나를 더 살펴봐야 합니다. 조회 수가 높은 영상의 채널에 들어가서 원래 조회 수가 이 정도로 나오는지, 아니면 다른 영상보다 이 영상이 특히 조회 수가 많이 나오는지 확인하는 것입니다. 채널에 들어갔더니 다른 영상에 비해 이 주제가 조회 수가 더 많이 나오고 있다면 이슈 주제라고 분석할 수 있고, 여러분도 최대한 빨리 이 주제로 영상을 만드신다면 조회 수 급상승을 경험할 가능성이 커집니다. 이는 초보 유튜버뿐만 아니라 대다수의 인기 유튜버들이 사용하는 방법입니다. 해당 주제에서 이슈인 주제를 지속적으로 찾는 것이 채널을 성장시키는 가장 확실한 방법입니다.

▶ 이슈 트렌드를 파악하는 도구　　≡

최근 이슈의 키워드는 어떻게 찾아볼 수 있을까요? 이슈 키워드를 찾을 수 있는 사이트를 소개합니다.

1 블랙키위

블랙키위(https://blackkiwi.net)는 빅데이터를 기반으로 한 키워드 분석 플랫폼입니다. 이 사이트에 접속한 후에, 상단 메뉴에서 **[모든 서비스]** 탭의 **[트렌드]**를 클릭하면 최근 사람들이 많이 검색하는 이슈 키워드를 찾아볼 수 있습니다.

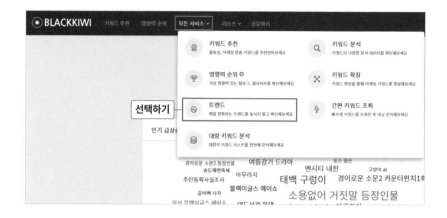

❷ 구글 트렌드

구글 트렌드(https://trends.google.co.kr/)는 내가 찾는 키워드가 얼마나 검색되고 있는지 기간을 설정해서 그래프로 확인할 수 있습니다. 예를 들어서 아래의 이미지처럼 '짠테크'로 검색을 했을 때의 결과가 최근 그래프가 조금씩 올라가는 걸 볼 수 있습니다. 따라서 이런 그래프가 나온다면 사람들이 많이 찾는 좋은 키워드라 할 수 있습니다.

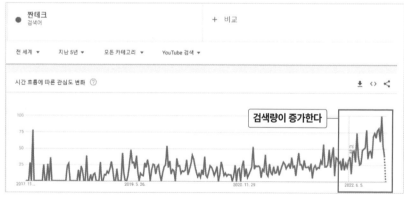

▲ 구글 트렌드 '짠테크' 검색 결과

❸ 뷰트랩

뷰트랩(https://app.viewtrap.com/home)은 AI 기반 유튜브 알고리즘 검색 툴입니다. 주제별 키워드를 검색 시 구독자가 많지 않으면서 높은 조회 수를 발생한 유튜브 영상을 선별하는 기능입니다.

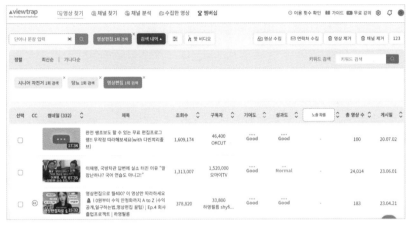

▲ 뷰트랩 키워드 검색 화면

이렇게 키워드를 검색 후 구독자 대비 조회 수가 잘 나온 영상을 **기여도**, **성과도** 형태로 찾을 수 있습니다. 해당 영상을 벤치마킹하여 영상을 제작하면 좀 더 빠르게 채널이 성장할 수 있습니다. 그 밖에 비슷한 형태의 유튜브 데이터 분석 사이트로 **블링**(https://vling.net/)이 있습니다.

결국 고객이 겪고있는 문제점을 파악하여 해결해 주는 것이 가장 좋은 콘텐츠입니다. 고객의 문제점을 좀 더 파악하기 위해서는 아래와 같은 방법을 사용해볼 수도 있습니다.

▶ 네이버 지식iN: 사람들이 많이 물어보는 질문 찾기
▶ 유튜브 댓글: 조회 수 높은 영상의 댓글에서 주로 나오는 질문 찾기
▶ 해외 유튜브 채널: 해외에서 조회 수가 많이 나오는 주제 찾기

결론은 유튜브 채널 성장을 위해서는 다른 단계보다 영상 콘텐츠를 찾고 기획하는 데 가장 많은 시간을 투자해야 한다는 것입니다. 시청자의 관점에서 '사람들이 무엇에 관심이 있을까?'를 고민 또 고민하셔야 합니다. 사람들이 관심을 가질 만한 주제를 찾는 것이 채널 성장의 핵심입니다.

04 영상 촬영 방식 및 촬영 장비 추천

▶ 영상 제작 유형에 따른 촬영 ☰

유튜브를 시작하려면 어떤 장비를 가지고 촬영하면 좋을까요? 이번에는 유형별 촬영 장비 추천 및 촬영 방법을 소개합니다. 유튜브 영상 촬영은 크게 **직접 촬영** 그리고 **녹화 및 녹음** 형태로 나눌 수 있습니다. 보통 카메라 또는 스마트폰으로 직접 촬영하지만, 요즘에는 촬영하지 않고도 내 목소리 녹음 또는 AI 목소리를 삽입하는 방식으로 제작하는 분도 많습니다.

	직접 촬영	녹화 및 녹음
촬영 장비	스마트폰, 카메라	목소리 녹음용 마이크, 웹캠
촬영 형태	본인 직접 촬영 판매 상품 촬영 야외 촬영과 인터뷰	PC 화면 녹화 녹음 및 영상 소스 삽입 AI 보이스 및 영상 소스 삽입
장점	영상 소스 찾는 시간이 줄어듦 신뢰도 상승	대본을 보고 읽을 수 있으며 쉽게 수정 가능 얼굴과 목소리 비공개

반드시 얼굴 공개를 해야 될까요?

유튜브를 할 때 '얼굴 공개를 해야 하나요?'라고 물어보시는 분들이 많이 있습니다. 내 얼굴을 공개한다는 것은 사실 부담이 되는 일이긴 합니다. 물론 얼굴을 공개한다면 여러 장점이 있습니다. 나를 공개함으로써 시청자들에게 신뢰를 줄 수 있고 채널이 성장하면 방송 출연, 협찬 등도 진행할 수 있게 됩니다. 특히 내가 사업, 자영업, 전문직을 활용한다면 얼굴 공개를 해야 고객 확보 및 신뢰를 얻을 수 있습니다. 또한 얼굴을 공개하면 영상 제작도 편리합니다. 내 얼굴이 나오는 영상을 촬영했으니 일부 컷 편집만 하면 영상이 완성됩니다.

얼굴이 나오지 않는다면 얼굴 대신 나올 무언가를 촬영하거나 영상 소스를 삽입해야 되기 때문에 그만큼 시간이 더 걸리거나 불편할 수 있습니다. 하지만 그럼에도 얼굴 공개가 부담스럽다면 하지 않아도 괜찮습니다. **유튜브신쌤** 채널도 대부분의 영상에서 얼굴 공개 없이 무료 영상 소스 또는 이미지를 삽입하거나 화면 녹화 방식으로 영상을 제작하고 있습니다. 뿐만 아니라 영화, 지식, 요리, 게임, 정보, 반려동물 채널도 얼굴 공개하지 않아도 많은 구독자와 조회 수를 확보할 수 있습니다.

> **TIP** 얼굴 공개는 하지 않더라도 자신의 목소리는 삽입하는 걸 추천합니다. AI 목소리를 넣어서 만들 수도 있지만, 요즘 많은 사람들이 AI 목소리를 사용하다 보니 신뢰하기 힘들고 추후 사업화로 연결하기 어렵기 때문입니다.

어떤 형태의 촬영을 하느냐에 따라 촬영 장비는 달라질 수 있습니다. 그렇기 때문에 어떤 형태의 촬영을 할 건지 먼저 정한 후에 맞춤 장비를 구매하시기 바랍니다. 영상 촬영은 크게 **직접 촬영**하는 경우와 **녹화 및 녹음**을 하는 방식으로 나누어 볼 수 있으며, 각각 어떤 장비가 필요한지 알아보겠습니다.

우선 직접 촬영하는 경우 최소 장비로는 영상을 촬영할 **스마트폰**, 스마트폰을 고정할 **삼각대**, 그리고 목소리를 녹음해 줄 **핀마이크** 정도가 필요합니다. 화면 녹화 또는 녹음 시에는 목소리를 녹음할 마이크만 있으면 충분합니다. 처음부터 값비싼 장비를 구매하지 마시고 최소한의 장비로 시작해 보시는 걸 권장합니다.

촬영용 카메라를 구매할까요?

직접 촬영을 하시는 분들 중 DSLR 같은 고가의 카메라를 구매하시는 분들이 있습니다. 하지만 유튜브 영상 제작에 있어 카메라는 사실 중요하지 않습니다. 스마트폰으로도 충분히 고화질의 영상 제작이 가능하기 때문입니다. 우선 처음에는 갖고 계신 스마트폰으로 시작하고 채널이 성장한 후에 구매하셔도 충분합니다. 하지만 망원렌즈로 확대 촬영이 필요하거나 30분 이상의 장시간 연속 촬영을 진행할 때는 카메라를 사용하시는 것을 권장합니다.

마이크는 유튜브 촬영 필수 장비

유튜브에서 화질보다 음질이 더 중요합니다. 사람들은 영상의 화질이 약간 떨어지더라도 콘텐츠가 좋으면 끝까지 봅니다. 하지만 음질이 좋지 않다면 바로 영상을 떠납니다. 스마트폰 자체 내장 마이크로 녹음할 수 있지만 음질이 그다지 좋지 않습니다. 그렇기 때문에 내 목소리가 나오는 영상이라면 마이크를 사용하시는 걸 권장합니다.

▲ 보야 M1 핀 마이크

▲ 마타 스튜디오 Wireless

스마트폰 촬영 시에는 스마트폰용 **핀 마이크**를 사용하면 됩니다. 특히 2023년 이후에는 무선 마이크도 저렴하게 나오기 때문에 **무선 핀 마이크**를 추천합니다. 집에서 1인 방송을 하거나 화면 녹화 및 녹음을 진행하는 경우에는 **스탠드 마이크**를 추천합니다.

▲ 마타 스튜디오 C10

▲ 로데 NT USB 콘덴서 마이크

▶ 촬영 유형에 따른 추가 장비 ☰

이번에 소개하는 장비들은 필수는 아니지만 촬영 유형에 따라 활용하면 유용한 보조 장비입니다.

삼각대

스마트폰으로 직접 촬영 시에는 스마트폰을 고정해 줄 삼각대가 필수입니다. 삼각대는 크게 **탁상형**, **스탠드형**, **항공샷형**으로 구분하며 자신의 필요에 따라 활용합니다.

▲ 다양한 종류의 삼각대

조명

자신의 얼굴이 나오게 촬영한다면 조명 사용을 권장합니다. 촬영 시 그림자에 의해 얼굴이 어둡게 나오는 경우가 있는데요, 이때 조명을 사용한다면 얼굴이 조금 더 밝게 나옵니다. 유명한 조명 장비로는 **룩스패드**가 있으나 처음에는 집에 있는 스탠드를 사용해도 문제없습니다.

▲ 룩스패드 43

웹캠

1인 방송을 하거나 온라인 강의를 하시는 분이라면 웹캠을 추천합니다.

▲ 로지텍 C920　　　　　　▲ 펭카 웹캠

짐벌

짐벌은 실외에서 움직이면서 촬영할 때 사용하는 장비입니다. 움직이면서 스마트폰이나 카메라를 손에 들고 촬영하면 아무리 고정해도 미세한 흔들림이 있습니다. 하지만 짐벌을 사용하면 이러한 흔들림이 줄어듭니다.

▲ 오즈모 모바일 3   ▲ 오즈모 포켓

▶ 그 외의 노하우

화면 녹화 프로그램

PC 화면을 보여주면서 내용을 소개하는 영상을 만들기 위해서는 화면 녹화 프로그램을 사용해야 합니다. 주로 **오캠**(oCam), **곰캠**(GOM Cam), **OBS 스튜디오**(OBS Studio)를 사용합니다. 특히 오캠은 화면 녹화, 소리 녹음까지 사용법이 간단해서 제가 주로 사용하는 프로그램입니다. 곰캠은 최대 20분까지 무료로 사용할 수 있으며 펜슬, PPT 강의 촬영 등 다양한 기능을 제공합니다.

▲ oCam

스마트폰으로 촬영한 영상을 PC로 옮기는 법

혹시 스마트폰으로 촬영한 영상을 PC로 옮길 때 아직도 USB 연결선을 쓰시나요? 애플의 운영체제인 iOS를 사용한다면 에어 드롭으로 아이폰, 아이패드, 맥북 간의 파일 이동을 손쉽게 할 수 있습니다. 그러나 안드로이드 폰과 윈도우용 PC 사이에는 파일 이동이 불편했는데요, 2023년에 구글에서 출시된 **니어바이쉐어**(Nearby share)를 사용하면 쉽고 간편하게 스마트폰과 PC 간의 파일 이동을 할 수 있습니다. 니어바이쉐어는 아이폰을 제외한 모든 스마트폰, 노트북에서 호환된다고 합니다.

▲ 니어바이쉐어

05 | 난이도별 영상 편집 프로그램 추천

▶ 영상 편집 프로그램의 종류 ☰

영상을 촬영하다 보면 NG가 나거나 삭제하고 싶은 부분이 생깁니다. 이런 부분을 걷어내고 **자막**, **음악**, **특수 효과** 등을 추가해서 시청자들이 좀 더 보기 좋게, 집중도를 높이는 작업이 영상 편집입니다. 아직 영상 편집을 해본 적이 없는 유튜브 입문자들은 유튜브를 운영하는 모든 과정 중에서 영상 편집에 가장 부담을 느낍니다. 하지만 걱정하지 마세요. 최근에는 초보도 쉽게 따라할 수 있는 편집 툴이 많이 출시되었습니다.

이제는 유튜브 시장이 성장하면서 영상 편집 프로그램도 새롭게 출시되고 기능도 개선되면서 예전보다 영상 편집을 배우기가 훨씬 쉬워졌습니다. 영상 편집 툴의 유형은 크게 PC용, 모바일용으로 나눌 수 있는데요. 유형별로 제가 추천하는 편집 툴을 소개합니다.

모바일용 영상 편집 프로그램

▲ 키네마스터   ▲ 블로   ▲ 캡컷

모바일용 영상 편집 프로그램 중 **키네마스터**(KineMaster), **블로**(VLLO), **캡컷**(CapCut)을 주로 사용하고 있습니다. 스마트폰으로 촬영한 영상을 언제 어디서나 간단하게 편집 후 바로 업로드하기 좋습니다. PC 편집 프로그램 못지 않게 다양한 기능들을 사용할 수 있습니다.

PC용 영상 편집 프로그램

	입문자			전문가	
무료	클립챔프	브루	캡컷	다빈치 리졸브	
유료	모바비	필모라		프리미어 프로	파이널 컷 프로

아직도 예전에 유행하던 윈도우 **무비메이커**나 **곰믹스**만 알고 계신다면, 이번에 소개해 드리는 편집 툴이 훨씬 더 유용할 것입니다. 제가 사용해 본 영상 편집 프로그램 중에서 처음 영상 편집을 배우는 분에게 가장 추천하는 2가지 프로그램을 소개합니다.

캡컷

캡컷(CapCut)은 다양한 효과를 적용할 수 있는 편집 어플입니다. 2022년에 PC 버전이 출시되었고 무료로 사용할 수 있으며 웬만한 유료 편집 프로그램 이상의 기능과 템플릿을 제공합니다. 작업 방식도 어렵지 않아서 많은 분들에게 추천하는 프로그램입니다. 특히 자동 자막 기능, 얼굴 보정 기능, 배경 제거, 스피드 램핑, 텍스트 템플릿 등 고급 기능을 사용하기 좋다는 장점이 있습니다. 2024년에는 일부 기능이 유료로 전환되었습니다.

브루

브루(Vrew)는 자동 자막 프로그램으로 많이 알려져 있지만 최근에는 기능이 업데이트되면서 기본적인 편집 및 무료 영상과 이미지 소스까지 제공합니다. 다양한 AI 목소리를 삽입할 수 있어 대본만 잘 쓰면 영상을 빠르게 만들 수 있습니다. 유튜브 쇼츠 영상을 제작하기에도 유용한 프로그램입니다.

영상 편집을 제대로 배워서 전문가로 일을 구하고 싶거나 회사 업무에서 편집을 할 예정이라면 아래의 2가지를 추천합니다.

프리미어 프로

프리미어 프로(Premiere Pro)는 유튜버 및 영상 편집자들이 가장 많이 사용하는 편집 툴입니다. 그만큼 관련 자료나 강의 또한 시중에서 쉽게 찾아볼 수 있습니다. 무료 편집 프로그램을 사용하다가 어느 정도 업그레이드가 필요하다고 생각하시면 프리미어 프로를 배우시기를 추천합니다. 단, 어도비에서 프리미어 프로를 단독으로 구독하려면 월 구독료가 집필 시기를 기준으로는 약 24,000원입니다. 경제적인 부담이 될 수 있으니 영상 편집을 전문적으로 하실 분만 구매하시기 바랍니다.

파이널 컷 프로

파이널 컷 프로(Final Cut Pro)는 애플이 개발한 macOS 전용 영상 편집 프로그램입니다. 간혹 이 프로그램을 쓰기 위해서 맥북을 구매한다고 말하는 사람들이 있을 정도로 품질이 뛰어납니다. 아이패드용도 출시했으며 가격이 다소 비싸지만 프리미어 프로 다음으로 전문 편집자들이 많이 사용하는 프로그램인 만큼 기능이 뛰어납니다.

> **NOTE 유튜브용 영상 편집을 시작하기 전에 유의 사항**
>
> **1** 편집에 너무 많은 시간을 쓰지 않습니다. 유튜브의 핵심은 콘텐츠입니다. 편집의 퀄리티가 유튜브 조회 수 향상에 큰 영향을 미치진 않습니다.
>
> **2** 컷 편집, 텍스트 삽입 정도만 할 줄 알아도 충분합니다. 영상 편집을 떠올리면 화려한 화면 전환, 움직이는 자막 등을 넣어야 한다고 생각하는 사람들이 많습니다. 그런데 오히려 편집 고수일수록 기본 효과만 사용합니다. 컷 편집, 텍스트 삽입 정도만 할 줄 알아도 충분히 좋은 퀄리티의 영상을 만드실 수 있습니다.
>
> **3** 편집 프로그램 비용이 부담된다면 무료 영상 편집으로 시작합니다. 요즘은 무료 편집 프로그램도 유료 못지 않게 웬만한 기능들은 다 포함하고 있습니다. 무료 편집 프로그램으로 시작하고 추후에 필요하다면 구매를 고려해 보세요.

06 | 끝까지 보게 만드는
대본 작성 방법

▶ 기획안 작성은 필수 ☰

콘텐츠 주제를 정하셨다면 본격적으로 기획 및 대본을 작성해야 합니다. 기획이라고 말하면 어렵게 생각할 수도 있지만 거창하게 생각할 필요 없습니다. **큰 목차**와 **세부 촬영 방법** 정도만 미리 작성해 놓습니다.

유튜브신쌤 채널의 경우에는 기획 단계에서 먼저 **제목**, **썸네일**에 들어갈 문구를 작성하고 간단한 목차를 정하고나서 대본을 작성합니다. 여러 공간에서 촬영한다면 어떤 방식으로 촬영할지 화면의 **구도**, 카메라의 **위치** 등을 구체적으로 기획해 놓으면 시간을 절약할 수 있습니다. 기획안은 내가 알아볼 수 있을 정도로만 구상해 놓으시면 됩니다.

11월 1주차 촬영 기획안(예시)	
제목	내 목소리와 똑같은 AI 목소리를 만들어주는 미친 신기능 공개 (촬영, 녹음 필요 없어집니다)
썸네일	역대급 기능! 내 목소리와 똑같은 AI 목소리를 만들어준다고?
목차	1. 오프닝 - 목소리 샘플 2. AI 목소리 카피 프로그램 일레븐랩스 소개 3. 가입 및 가격 소개 4. 목소리 학습하는 방법 5. 상세 사용법 6. 정리 및 활용 방안
촬영 방법	오프닝: 녹음 및 영상 소스 본론: 화면 녹화(오캠)
대본	(오프닝) 이제 내 목소리를 직접 녹음하지 않아도 AI가 내 목소리와 거의 똑같은 AI 목소리를 만들어 줍니다.

기획안은 워드, 한글 파일보다는 찾기 쉽게 온라인 메모장을 사용하는 것이 편합니다. 대표적으로 **원노트**(OneNote), **노션**(Notion), **에버노트**(Evernote) 등의 온라인 메모 툴이 있습니다.

▶ 꼭 대본이 필요할까? ☰

강의를 하면 종종 '대본을 작성하는 것은 번거롭고 시간이 많이 드는데, 그냥 내가 생각나는 대로 바로 이야기하면 안 될까요?'라고 질문하는 분이 있습니다. 물론 번거롭지만 가급적 대본은 쓰는 것을 권장합니다. 대본을 쓰면서 내용이 다시 한번 정리되고 군더더기 없이 핵심만 이야기할 수 있기 때문입니다.

대본을 작성하고 그대로 읽으면 나중에 영상을 편집하는 시간도 절감됩니다. 뿐만 아니라 이렇게 작성해 놓은 대본은 블로그에도 사용할 수 있고 향후 강의, 도서 출판 등의 자료로 활용하기도 용이합니다. 물론 처음에는 대

본을 직접 쓰는 게 번거롭고 어려울 수 있지만 계속 쓰다 보면 글쓰기 실력
도 향상됩니다. 따라서 내가 설명할 대본을 미리 써 놓으시기 바랍니다.

▶ 대본 작성도 이제 AI로 할 수 있다　　　☰

최근에는 인공지능 기술의 발달로 유튜브 영상 대본도 좀 더 간편하게 만
들 수 있습니다. 대표적인 것으로, 많이 들어보셨을 **ChatGPT**가 있는데요.
ChatGPT는 인공 지능 로봇이 질문에 대한 맥락을 이해하여 마치 인간처럼
상세히 설명하는 AI 기술입니다. 하지만 미국에서 만들어진 프로그램이다 보
니 번역된 말투가 다소 아쉬웠습니다. 그 후에 구글의 바드(Bard)을 비롯하
여 한국어에 특화된 뤼튼 등 생성형 AI 툴이 출시되었습니다. 이번에는 한국
형 ChatGPT라는 별명을 가진 뤼튼을 활용해 보겠습니다. 뤼튼은 우리나라
에서 개발되어 말투까지 자연스러운 결과가 도출됩니다.

뤼튼으로 대본 작성하기

01 뤼튼 사이트(https://wrtn.ai/)에 입장하고 로그인을 합니다.

02 왼쪽 메뉴바에서 [유튜브 숏츠 대본]을 클릭하고 내가 원하는 키워드를 검색하면 대본이 생성됩니다. 숏츠 대본이지만 분량은 1분 이상입니다. 이 내용을 바탕으로 나의 영상에 어울리게 직접 수정하면서 사용합니다.

> **TIP** [자동 생성]을 한 번 더 누르면 다른 내용으로 대본을 또 만들어 줍니다. 이렇게 여러 개의 대본을 생성 후 정리해서 대본을 만들면 됩니다.

이처럼 대본을 어떤 식으로 써야 할지 막막할 때 뤼튼을 활용하면 쉽고 빠르게 대본 추출이 가능합니다. 물론 이 대본에 100% 의존하지는 마시고 나만의 스토리, 노하우와 결합해서 활용하시기 바랍니다. 대본을 어떻게 써야 할지 막막하다면 참고하기 편리합니다.

제목 추천 기능

왼쪽 메뉴바에서 [유튜브 영상]을 클릭하고 영상 주제를 작성 후 [자동 생성]을 클릭하면 맞춤형 제목도 추천해 줍니다. 자동 생성을 누를 때마다 새로운 제목을 추천하기 때문에 이 중에서 가장 괜찮은 제목을 사용해도 좋습니다.

> **NOTE** 대본 작성의 핵심은 내 영상을 오래 보도록 만드는 것
>
> 유튜브 채널이 성장하려면 사람들이 내 영상을 가능한 오래 보게 만들어야 합니다. 대본 작성을 하는 핵심 이유는 사람들의 관심을 유발하여 끝까지 보게 만드는 것입니다. 끝까지 보는 시청자의 비율이 많을수록 유튜브는 해당 영상을 좀 더 많은 사람에게 노출시키기 때문입니다.

▶ 끝까지 보게 만드는 대본 작성 팁

❶ 오프닝은 궁금증을 유발한다.

첫 문장에서는 사람들이 끝까지 볼 수 있는 후킹 문구로 시작합니다. 사람들이 궁금해할 만한 질문 또는 가장 중요한 부분을 보여주세요.

예시 [문제점]을 [해결]하기를 원하시나요? (부연 설명) ~하는 방법을 알려드립니다.

예시 영상 편집 돈 한 푼 안들이고 시작해 보고 싶으신가요? 오늘 알려드릴 이 방법만 배우시면 초보자도 지금 당장 영상 편집을 배우실 수 있습니다.

예시 ~하고 싶은데 ~가 안 돼서 고민이신가요? 오늘 알려드릴 이 방법만 따라하시면 여러분도 ~할 수 있습니다.

❷ 인트로 영상이나 소개는 과감히 생략한다.

도입부에 자기 소개나, 인트로 영상 등 의미 없는 내용은 넣지 않는 것이 좋습니다. 많은 사람들이 오프닝 멘트로 이러한 내용을 쓰지만 추천하지 않습니다. 사람들은 내가 누구인지에 대해 관심 없습니다. 인사 멘트는 넣지 맙시다!

예시 '안녕하세요 저는 OOO입니다 이번 시간에는 ~'

❸ 시청자들이 고민할 문제를 정확히 짚는다.

시청자가 고민할 문제를 정확하게 짚으면 집중도를 높일 수 있습니다.

예시 영상 편집을 배워보고 싶은데 돈 주고 구매하자니 계속 쓸지도 모르고, 좀 괜찮은 무료 영상 편집 툴 없을까? 이런 고민을 아마 한 번쯤 해보셨을 겁니다."

❹ 친근감을 조성해서 공감하게 만든다.

시청자들의 고민을 나 또는 다른 사람들도 하고 있다는 것을 보여주며 신뢰를 얻습니다.

예시 이렇게 많은 분들이 유튜브를 시작하지만 가격이 비싸서, 배우기가 어려워서 시작하지 못하는 분들이 많습니다. 저 또한 초보 시절엔 편집 프로그램을 뭘 써야 될지 막막해 시작하기가 힘들었습니다.

⑤ 명확한 해결책을 제시한다.

해결책을 제시하면서 기대감을 줍니다. 기대감이 있으면 끝까지 보게 됩니다.

예시 편집을 배워보고 싶은 분들에게 알려드리는, 무료이면서 초보도 쉽게 사용할 수 있는 편집 프로그램 5가지를 오늘 알려드립니다. 보시고 나에게 가장 맞는 편집 툴을 사용하시면 무료로 영상 편집을 배워 보실 수 있게 됩니다.

⑥ 농담, 늘어지는 부분은 과감히 버린다.

시청자들은 유명하지 않은 사람의 긴 영상을 끝까지 보지 않습니다. 시청자들의 이탈을 염두에 두고 초반에는 영상을 짧게 만드세요.

⑦ 영상의 내용을 정리하고 시청자를 독려한다.

본문에서 이야기했던 내용을 다시 한번 정리합니다.

예시 오늘 알려드린 내용을 정리해 보면 ~입니다. 제가 소개해 드린 편집 프로그램 중에 하나를 선택해서 꾸준히 사용해 보시면 여러분들도 편집 툴에 돈 안 들이고 유튜버가 될 수 있습니다. 어렵지 않으니 함께 해봅시다.

⑧ 결론 혹은 다음 영상을 짧게 소개한다.

다음 편을 기대하게 만들면서 구독, 좋아요 클릭을 유도합니다.

예시 오늘 영상에서 ~ 부분은 다음 영상에서 좀 더 자세히 설명해 드리도록 하겠습니다.

예시 구독과 좋아요 눌러주시면 매주 유익한 영상으로 찾아뵐게요.

NOTE **대본 잘 쓰는 노하우**

유튜브 대본을 잘 작성하려면 우선은 잘 만들어진 유튜브 영상 벤치마킹해야 합니다. 여기서 말하는 모방은 문구를 그대로 작성하는 것이 아닙니다. 글의 구조를 참고하는 것입니다. 유튜브 채널을 빠르게 성장하고 싶으시면 잘 만들어진 유튜브 영상을 자주 보고 구조를 벤치마킹하세요. 내 생각대로만 대본을 쓰면 실력이 빠르게 성장하지 않습니다. 그러니 평소에도 조회 수가 잘 나오는 유튜브를 시청하실 때 단순 내용만 수동적으로 보지 마시고 잘 쓰여진 글의 구조를 내 것으로 만들고 분석, 응용해 보시기 바랍니다. 이것이 빠르게 성장하는 가장 좋은 방법이라 생각합니다.

MEMO

3

성장하는 유튜브 채널 운영 핵심 노하우

사람들은 어떻게 내 영상을 시청하게 될까요?
이번 챕터에서는 유튜브 알고리즘과 검색했을 때 결과 창의 상위에 내 영상을
노출할 수 있는 유튜브 검색 엔진 최적화(SEO) 방법과
효과적인 영상 업로드 방법을 소개합니다.

01 | 유튜브 알고리즘 바로 알기

▶ 도대체 알고리즘이 뭐 길래? ☰

유튜브의 **알고리즘**은 시청자가 평소 시청한 영상 기록을 바탕으로 맞춤형 영상을 추천하는 채널 추천 방식입니다. 알고리즘의 임무는 사람들이 오랫동안 유튜브에 머물게 하는 것입니다. 그렇기 때문에 시청자의 반응이 좋은 영상을 추천해서 계속 유튜브에 머무르게 합니다. 유튜브 채널을 운영하려면 '어떻게 하면 내 영상과 채널이 유튜브 알고리즘에 노출될 수 있을까?'라는 고민을 해야 합니다.

어떤 사람은 알고리즘의 추천을 받아 3개월 만에 1만 구독자를 달성하지만 다른 누군가는 양질의 콘텐츠를 꾸준히 올려도 노출되지 않습니다. 이렇게 영상을 열심히 만들어도 반응이 없는 경우가 많다 보니, 유튜브 알고리즘을 배우는 교육 프로그램과 강의가 생겨날 정도입니다. 아쉽게도 유튜브 알고리즘이 어떻게 작동하는지 명확한 답은 유튜브에서 밝히고 있지 않기 때문에 그 누구도 확실하게 알 수 없습니다. 하지만 유튜브라는 플랫폼의 특성을 제대로 이해하고 따라 하시면 알고리즘의 간택을 받을 확률이 높아집니다.

사람들은 어떤 경로로 내 영상을 시청할까요? 사람들이 유튜브에서 영상을 시청하는 경로는 여러 가지가 있습니다. 여러분은 아래의 표에서 어떤 방식으로 주로 영상을 시청하나요?

유튜브 시청 주요 경로	
탐색 기능	유튜브 홈페이지 또는 앱에 접속했을 때 홈 화면에 바로 표시되는 영상
추천 동영상	영상 하나를 시청했을 때 이어서 재생되는 영상으로 PC에서는 오른쪽에, 스마트폰에서는 아래쪽에 추천으로 표시됨
유튜브 검색	유튜브에서 키워드로 검색하면 나오는 영상
외부 유입	그 밖에 다른 채널(카카오톡, 블로그 등)에서 접속한 영상
그 외	채널 페이지, 최종 화면, 알림 등으로 시청

이 중 사람들이 가장 많이 영상을 시청하는 방식은 바로 **탐색 기능**입니다. 그렇기 때문에 유튜브에서 조회 수가 급상승이 된 영상(흔히 말하는 떡상 현상)은 주로 유튜브 홈 화면인 탐색 기능으로 노출된 경우가 많습니다. 다음 이미지와 같이, 대부분의 유튜브 채널이 어떻게 성장하는지 살펴보면 **탐색 기능**과 **추천 동영상**이 높은 비중을 차지합니다.

▲ 유튜브 채널 시청 경로 분석 예시

유튜브에는 하루에 수억 개의 영상이 업로드가 됩니다. 따라서 신규 개설한 유튜브 채널이라면 처음부터 많은 사용자들에게 영상이 노출될 수는 없습니다. 그렇기 때문에 아무리 내가 잘 만든 영상을 업로드하더라도 처음에는 조회 수가 거의 나오지 않을 가능성이 큽니다. 따라서 채널을 만들고 처음 올리는 영상은 조회 수가 거의 나오지 않는다는 사실을 인지하고 준비하시는 게 좋습니다.

꾸준히 영상을 업로드하다 보면 어느 순간 알고리즘에 내 영상들 중 하나가 추천됩니다. 그렇게 갑자기 급격하게 조회 수가 오르는 영상이 나타나게 되면서 채널이 성장하게 됩니다.

유튜브는 알고리즘으로 시청자들에게 맞춤 영상을 추천합니다. 유튜브 알고리즘은 영상의 세세한 부분을 분석해서 자체적인 평가 기준에서 점수가 높은 영상을 좀 더 노출합니다. 그렇기 때문에 알고리즘에 대한 이해가 있어야 내 영상이 좀 더 많은 사람들에게 노출되고 채널이 성장할 수 있습니다. 알고리즘 분석에 들어가는 지표는 여러 가지가 있겠지만 그중 우리가 가장 수월하게 파악할 수 있는 지표가 있습니다. 바로 노출 클릭률, 시청 지속 시간, 구독, 좋아요, 댓글, 공유, 저장입니다. 이제 하나씩 살펴보겠습니다.

유튜브는 내 영상이 얼마나 유튜브 화면에 많이 노출되느냐의 싸움입니다. 이를 **노출 수**라고 부릅니다. 노출 수가 많을수록 내 영상의 조회 수가 많이 나올 가능성이 커집니다. 알고리즘의 간택을 받았다는 말은 유튜브에 내 영상이 많이 노출되었다는 뜻입니다. 하지만 노출 수는 우리가 인위적으로 늘릴 수 있는 것이 아닙니다. 유튜브에서는 내 영상이 노출되었을 때 얼마나 사람들이 클릭을 하느냐를 알고리즘의 주요 기준으로 판단합니다.

이렇게 유튜브 알고리즘에 의해 노출된 영상이 얼마나 클릭되는지를 보여주는 지표를 **노출 클릭률**이라고 합니다. 처음에는 내 영상이 불특정 소수에게 노출됩니다. 이때 가급적 많은 사람들이 내 영상을 클릭해야 알고리즘에 영향을 받아 좀 더 많은 사람에게 노출됩니다.

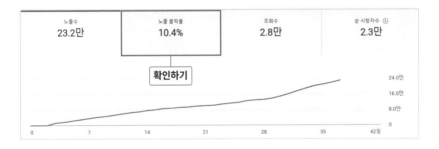

만약 유튜브에서 내 영상이 100명에게 노출되었는데 2명이 클릭을 했다면 노출 클릭률은 2%가 됩니다. 노출 클릭률이 2% 이하라는 건 사람들의 관심을 받지 못한 콘텐츠일 가능성이 큽니다. 이렇게 노출 클릭률이 저조하면 알고리즘은 이 영상을 더 이상 추천하지 않습니다. 반면에 10명 이상이 클릭한다면(노출 클릭률이 10% 이상으로 나온다면) 사람들의 관심이 많은 콘텐츠라 판단되어 유튜브는 좀 더 많은 사람에게 노출해줄 가능성이 커집니다.

노출 클릭률은 제목과 썸네일이 좌우한다

노출 클릭률의 포인트는 바로 제목과 썸네일(미리보기 이미지)입니다. 대부분의 사람들은 유튜브를 시청할 때 유튜브 홈 화면에 나오는 제목과 썸네일 이미지를 보고 이 영상을 시청할지 판단합니다. 즉 클릭하고 싶게끔 만드는 제목과 썸네일 제작이 노출 클릭률의 핵심입니다.

아무리 영상의 내용이 좋고 퀄리티가 있어도 일단 영상을 시청하지 않으면 소용없습니다. 특히 처음 채널을 운영하는 분일수록 영상 자체의 퀄리티보다 오히려 제목, 썸네일이 훨씬 더 중요하다고 생각합니다. 그만큼 제목과 썸네일은 채널 성장에 있어 정말로 중요합니다.

같은 내용이라도 썸네일의 카피를 어떻게 작성하느냐에 따라 조회 수의 차이는 엄청납니다. 따라서 카피를 잘 짓는 능력은 유튜브 채널 성장의 핵심 역량입니다. 썸네일 카피라이팅 관련 상세 내용은 100쪽에서 자세히 설명합니다.

▶ 시청 지속 시간 ☰

유튜브 알고리즘은 얼마나 오랫동안 해당 영상을 시청하는지를 통해 이 영상의 가치를 판단합니다. 만약 영상을 클릭하고 10초도 안 돼서 이탈하는 비율이 높다면 유튜브는 가치가 낮은 영상으로 간주합니다. 이러한 판단이 쌓이면 그 영상이 더 많은 사용자에게 노출되지 않을 가능성이 커집니다. 그러므로 중간에 이탈하지 않고 가급적 오래 볼 수 있는 형태의 영상을 만들어야 합니다.

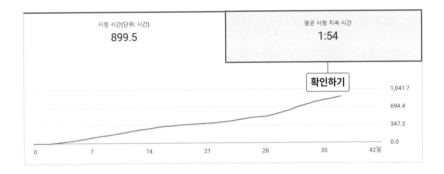

유튜브 알고리즘은 **시청 지속 시간**을 중요한 요소로 고려합니다. 시청 지속 시간이 길수록 해당 영상을 유익하고 인기 있는 것으로 판단하고 추천 알고리즘에 반영합니다. 그러므로 시청 지속 시간이 높은 영상을 제작하는 것이 관건이라고 할 수 있습니다.

끝까지 보고 싶은 영상은 스토리가 있다

끝까지 보고 싶은 영상은 어떻게 만들까요? 일단 콘텐츠가 좋아야 합니다. 특히 자신의 경험을 중심으로 스토리를 풀어내시기를 추천합니다. 여러분의 스토리가 시청자에게 귀감이 되거나 궁금증을 유발시킨다면 가장 좋습니다.

여기서 중요한 점은 군더더기를 제거한 핵심 내용으로 끝까지 보게 만드는 대본을 구성해야 한다는 것입니다. 끝까지 보게 만드는 대본 작성법은 82쪽에 설명했습니다. 또한 이 영상을 다 보고 내 채널의 다음 영상을 이어서 시청하도록 만들수록 좋습니다. 그렇기 때문에 **시리즈물**을 만들거나, **최종 화면** 삽입 등을 적극적으로 활용해서 다음 영상을 시청하게 해서 나의 채널에 오래 머물게 할수록 알고리즘의 선택을 받을 확률이 올라갑니다.

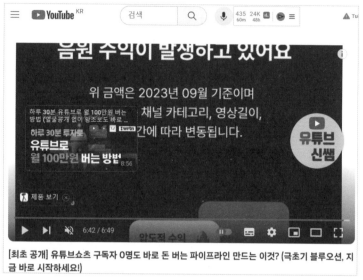

▲ 영상 끝부분에서 다음 영상을 추천하는 최종 화면

▶ 구독, 좋아요, 댓글, 공유, 저장

구독, 좋아요, 댓글이 많이 달린다는 것은 그만큼 영상의 내용이나 유튜브 채널에 대한 가치가 증명된다는 것입니다. 그래서 유튜버들이 '구독, 좋아요, 댓글'을 많이 이야기하는 것이죠. 유튜브에서는 **구독, 좋아요, 댓글, 공유, 저장**이라는 5가지 요소를 실시간으로 집계할 수 있기 때문에 이 지표들을 주요 기준으로 알고리즘에 반영하고 있습니다. 따라서 5가지 요소를 많이 유도할 수 있는 영상을 만들면 좋습니다.

> **NOTE** 유튜브 채널 성장 원리
> 영상 업로드 → 불특정 소수 영상 노출 → 알고리즘 판단 → 조금 더 많은 사람에게 노출됨 → 알고리즘 판단 → 더 많은 사람들에게 노출 → 조회 수 높아지며 빠르게 성장

알고리즘 로직은 주기적으로 바뀐다

그러나 앞서 소개한 알고리즘 핵심 지표들을 충족했다고 반드시 알고리즘의 간택을 받는 것은 아닙니다. 한때 **계정 생성 프로그램**을 쓰는 등 인위적인 방법으로 구독자, 조회 수를 늘리는 수법이 성행한 적이 있습니다. 유튜브는 매번 이런 것들을 걸러내기 위해 주기적으로 알고리즘 로직을 변경하고 있다고 합니다.

그래서 이런 기술적인 방법을 사용하는 것보다는 진정성이 중요하다고 생각합니다. 당장의 구독자, 조회 수에 연연하지 말고 내 영상의 타깃이 되는 시청자들이 정말로 좋아할 만한 영상을 꾸준히 올리는 게 가장 확실한 방법입니다.

02 | 클릭을 부르는 썸네일 만들기

▶ 썸네일이란?

유튜브에서 **썸네일**이란 시청자에게 영상의 장면 및 내용을 미리 소개해주는 역할을 하며 **미리보기 이미지**라고도 부릅니다. 유튜브에서는 자동으로 생성되는 썸네일 중 하나를 선택할 수도 있고, 직접 만든 썸네일을 업로드할 수도 있습니다.

▲ 유튜브 신쌤 채널에 올라온 썸네일

앞서 말한 바와 같이 대부분의 사람들은 유튜브 홈 화면에서 나오는 영상 중 제목과 썸네일 이미지를 보고 시청하게 되는 경우가 대부분입니다. 영상의 내용이 아무리 좋더라도 제목과 썸네일 이미지가 호기심을 자극하지 않으면 사람들이 클릭하지 않습니다. 그렇기 때문에 유튜브에서 영상 제작, 편집 기술보다 더 중요한 것이 바로 제목, 썸네일 카피라이팅 실력입니다.

▲ 클릭을 유발하는 제목과 썸네일

썸네일은 간판이다

썸네일은 내 영상을 홍보하는 간판입니다. 그렇기 때문에 자동 생성되는 썸네일을 선택하지 마시고 직접 만드시는 것을 추천합니다. 아무리 좋은 내용과 퀄리티를 가진 영상이라도, 내가 며칠 밤을 새워가며 만든 영상이라도 사람들의 관심을 유발하지 못하는 썸네일의 여파로 사람들이 클릭하지 않으면 아무 소용이 없습니다. 초보자일수록 영상 제작에 많은 시간과 노력을 쓰고 썸네일은 대충 만드는 경우가 많습니다. 그러나 실제는 그 반대로 해야 합니다. 영상의 퀄리티는 조금 떨어지더라도 괜찮습니다. 하지만 썸네일 문구와 디자인은 충분히 고민하며 시간을 들여 만들어야 됩니다.

> **NOTE** **썸네일은 24시간 일하는 영업 사원**
>
> 유튜브에서 썸네일 카피라이팅이란, 한 문장으로 고객의 마음을 끌어당기는 카피 기술을 말합니다. 우리가 TV 광고를 보게 되면 15초라는 짧은 시간에 제품을 어필해야 합니다. 썸네일 이미지는 단 한 장의 이미지만으로 이 영상을 보고 싶게끔 만들어야 합니다. 그렇다고 썸네일에 문구를 너무 많이 넣으면 오히려 지저분하게 느껴집니다. 한 문장으로 사람들이 클릭하게 만드는 카피라이팅 스킬을 배우셔야 합니다. 잘 작성한 카피 문구가 나 대신 채널과 영상을 홍보하는 24시간 일하는 영업사원이 될 수 있습니다.

클릭할 수밖에 없는 카피라이팅

궁금증을 유발하여 클릭할 수밖에 없게 만드는 것이 유튜브 썸네일 카피라이팅의 핵심입니다. 예시로 아래의 썸네일을 함께 살펴봅시다.

▲ 출처: 유튜브 채널 웅달 책방

썸네일 문구를 읽어보면 **'이것' 모르면**이라는 문구로 궁금증을 자극하고 **절대 ~ 하지 마세요**라는 문구로 공포심을 자극합니다. 아마 주식 투자를 하시는 분이 이 썸네일 이미지를 보셨다면 영상을 클릭할 확률이 상당히 높을 것입니다.

조회 수가 잘 나온 썸네일 카피 벤치마킹하기

어떻게 하면 썸네일 카피를 잘 만들 수 있을까요? 처음부터 완벽한 카피를 만들기는 쉽지 않습니다. 이것도 많은 공부와 시행착오가 필요합니다. 그러다 보니 초보자들이 가장 어려워하는 부분이기도 합니다. 처음에는 카피 문구를 직접 창작하지 말고, 조회 수 잘 나온 유튜브 썸네일 문구를 분석하고, **벤치마킹**하는 것을 추천합니다. 먼저 조회 수가 높고, 잘 만들어진 썸네일 이미지를 따로 모아보세요. 그리고 이 문구의 특징을 파악해서 비슷하게 따라해 보는 거죠.

예를 들어보겠습니다. 아래의 영상을 살펴보면, **집 있어도 '이것' 모르면 내 돈 순식간에 날라갑니다**라는 문구가 눈에 띕니다. 이런 썸네일의 카피를 내 채널에 어울리도록 벤치마킹하는 것입니다.

▲ 출처: 유튜브 채널 머니인사이드

이 썸네일의 스타일을 **유튜브 운영 팁을 알려주는 채널**인 저의 채널 주제로 바꿔보면 '유튜브 구독자 많아도 이것 모르면 내 채널 순식간에 망합니다.' 라는 식으로 비슷하게 수정해 볼 수 있습니다. 저는 지금도 썸네일 이미지를 만들 때 잘 만들어진 썸네일 이미지를 참고해서 만들고 있습니다. 특히 카피를 어떻게 만들지 어려워하는 초보자라면 이렇게 잘 만들어진 카피 문구를 찾아보고 참고해서 만드시는 것을 더욱 추천합니다.

한 장의 이미지와 핵심 문구 하나만!

일반적으로 PC보다는 스마트폰으로 유튜브를 보는 사람이 더 많습니다. 작은 화면에 여러 이미지, 텍스트가 복잡하게 배치되는 썸네일은 눈에 띄지 않습니다. 처음 썸네일을 만들어 보시는 분들 중에서 여러 가지 이미지와 텍스트를 넣어 보는 경우가 많습니다. 하지만 썸네일 이미지는 반드시 하나의 이미지만 넣기 바랍니다. 아래의 썸네일 예시는 저와 컨설팅을 진행한 분의 초기 썸네일입니다.

컨설팅을 진행한 후에는 아래와 같이 바뀌었습니다. 차이점이 느껴지시나요? 디자인적인 기술을 추가하지는 않았지만 이렇게 **한 장의 이미지**와 **하나의 문구**만으로도 눈에 잘 띄고, 훨씬 더 높은 조회 수를 기록하고 있습니다.

배추결구 막차때 딱 한가지만 한다면 이것 하세요.

조회수 1만회 · 4개월 전

▲ 출처: 유튜브 채널 월광수변농원 TV

같은 내용의 영상이라도 썸네일의 문구는 가급적 많은 사람들이 궁금할 내용으로 만들면 좋습니다. 예를 들어, 채널 시청 타깃층을 '블로그를 운영하는 사람'으로 설정하고, 영상의 썸네일 카피를 '블로그를 상위 노출하는 핵심 노하우'로 만들었다고 가정해 봅시다. 물론 블로그를 운영하는 분에게 우연히 이 영상이 노출되었다면 그 시청자는 클릭을 할 수도 있습니다.

하지만 유튜브 알고리즘은 블로그에 전혀 관심 없는 사람들에게도 이 영상을 노출해 줍니다. 따라서 대부분의 사람들은 이 영상을 당연히 클릭하지 않겠죠. 그렇게 되면 노출 클릭률이 떨어지고, 알고리즘이 불리하게 작용하며 노출이 줄어들게 됩니다. 그렇다면 이 영상은 정작 블로그를 운영하는 사람들에게는 알려지지 못하고 묻힐 것입니다. 하지만 영상 자체는 동일한 내용이지만 썸네일을 조금만 바꿔도 더 많은 사람에게 관심을 갖게 할 수 있습니다.

저는 이 카피를 '**퇴근 후 30분 월 100만 원 버는 직장인 부업**'으로 변경했습니다. 블로그를 전혀 모르고 관심 없는 사람도 직장인 부업에는 관심이 있을 수 있기 때문에 이 영상을 클릭할 확률이 좀 더 높아집니다. 이렇게 유튜브 썸네일 문구는 최대한 많은 시청자분들이 클릭할 수 있게 접근해야 합니다.

▶ 블로그를 상위 노출하는 핵심 노하우(X)
▶ 퇴근 후 30분 월 100만 원 버는 직장인 부업(O)

클릭률을 두 배 높이는 부사와 형용사

유튜브 썸네일 만들 때 활용하기 쉬운 키워드들이 있습니다. 바로 **의외로**, **반드시**, **무조건**, **당신만 모르는**, **지금 당장**, **확실한**, **초대박** 같은 자극적인 키워드입니다. 실제로 많은 유튜버가 사용하는 키워드로, 같은 문구라도 해당 키워드를 1-2개 추가만 해도 클릭률이 훨씬 올라갑니다.

▶ 주식 투자로 돈 버는 노하우(전)
▶ 주식 투자로 **지금 당장** 돈 버는 **초대박** 노하우(후)
▶ 유튜브로 돈 버는 방법(전)
▶ **당신만 모르는** 유튜브로 무조건 돈 버는 방법(후)
▶ 대출받기 전에 확인해야 할 3가지(전)
▶ 대출받기 전에 **반드시** 확인해야 할 3가지(후)

위험 회피 심리 활용

조회 수가 잘 나오는 키워드는 다양하지만, 그중에서 특히 **위험 회피 심리**를 활용한 카피는 유독 조회 수가 잘 나오는 경향이 있습니다. 사람들은 하면 좋은 것보다 하면 안 되는 것, 즉 부정적인 것을 회피하는 것에 더 반응하는 심리를 가지고 있습니다. 이런 심리를 고려해서 썸네일을 만드신다면 조회 수 향상에 도움됩니다.

▶ 절대 ~ 하지 말아야 할 N가지
▶ 이것 모르면 절대 ~ 마세요
▶ 이것 모르면 손해

이러한 카피 기술을 아래와 같이 적용해 볼 수 있습니다.

▶ 유튜브 구독자 늘리려면 이것 꼭 해보세요!(전)
▶ 유튜브 할 때 **이것 모르면** 절대 구독자 늘지 않습니다.(후)

구체적인 대상과 수치

사람들은 추상적인 문구보다는 구체적인 수치가 들어간 문구에 더 반응합니다. 예를 들어서 **직장인이 돈 버는 방법**이라는 키워드를 좀 더 구체적인 대상과 수치를 넣어 어떻게 작성할 수 있을까요? 직장인도 연차나 연령대에 따라서 고민이 다릅니다. 연령대를 한정 짓고 돈이라는 키워드를 수치로 표현하면 이렇게 바꿔 볼 수 있습니다.

예시 30대 무주택 직장인이 매월 500만 원 추가로 버는 3가지 방법

▶ 부동산 투자로 실패하는 이유(전)

▶ **사회 초년생 중 95%가** 부동산 투자로 실패하는 3가지 이유(후)

▶ 유튜브로 돈 버는 법(전)

▶ **하루 30분 투자로** 유튜브로 **월 100만 원** 버는 법(후)

전문성을 활용하기

어떠한 분야에 전문성이 있다면 내 전문성을 어필하는 것도 좋은 방법입니다. 주로 '~가 알려 주는 방법'이라고 표현할 수 있습니다. 예시를 살펴보겠습니다.

▶ 아파트 분양 투자 포인트 5가지(전)

▶ **20년 차 전문 공인중개사가 알려주는** 아파트 분양 투자 포인트 5가지(후)

특별한 전문성을 갖고 있지 않다면 유명한 사람의 의견을 빌려오는 방법도 있습니다.

▶ 8세 아이 키울 때 절대 하지 말아야 할 3가지(전)

▶ **오은영 박사가 알려주는** 8세 아이 키울 때 절대 하지 말아야 할 3가지(후)

아래에 있는 키워드 중에서 썸네일을 만들 때 자신의 영상과 어울리는 키워드 한두 개를 골라서 사용해 보세요. 이 표를 활용해서 썸네일 문구를 만들다 보면 어느새 자신이 담은 영상 콘텐츠와 어울리는 키워드를 점점 더 빠르게 찾을 수 있을 것입니다.

썸네일에 자주 쓰이는 단어들	
비밀스러운 분위기	~만 모르는, ~만 아는
놓치기 싫은 정보	나만 알고 싶은, 이것 모르면, 기회, 난리 난
노하우	~하는 이유, 꿀 정보, 꿀팁
위험 회피	절대 ~ 마세요, 손해, 치명적인
순위	TOP 3, BEST 3
새로운 정보	최초로, 최신 노하우
쉬운 접근성	쉽게 ~하는 법, ~도 할 수 있는, 누구나
빠른 루트	~개월 만에, ~일 만에
정리	풀버전, 종결, 3가지
구체적인 대상	N년 차
강한 어필	반드시, 무조건, 역대급, 초대박
전문성	전문가가 알려 주는, ~의 특징
욕망을 자극하는	~하고 싶다면

예시 부동산 **전문가만 아는** 2024 아파트 투자 **꿀팁 3가지**

예시 해외에서 **난리 난** 이곳, 의외로 **모르는** 세계에서 **가장 유명한** 여행 명소 TOP3

▶ 미리캔버스로 썸네일 디자인하기 ☰

썸네일 이미지는 어떻게 만들 수 있을까요? 포토샵 같은 전문가를 위한 그래픽 툴을 몰라도, 썸네일을 쉽고 퀄리티 있게 만들 수 있는 사이트가 있습니다. 디자인 실력이 전혀 없어도 괜찮습니다. 바로 디자인 플랫폼 **미리캔버스**(https://www.miricanvas.com/)입니다.

미리캔버스 사용 방법

01 미리캔버스를 사용하려면 우선 회원 가입을 해야 합니다. 상단의 [회원 가입]을 클릭하고 편한 방법으로 가입하고 로그인을 합니다.

02 위쪽의 메뉴에서 [크기 조정]을 클릭하고 [유튜브]의 [썸네일]을 선택합니다.

03 왼쪽의 템플릿 예시 중에서 하나를 선택합니다. **이미지**와 **문구**를 나에게 맞게 수정해서 만들 수 있습니다.

> **TIP** 템플릿을 쓰지 않고 직접 만드는 것도 좋은 방법입니다.

04 추후 썸네일을 만들 때는 왼쪽 메뉴바에서 [작업 공간] → [내 디자인]을 클릭합니다. 이전에 만든 썸네일 이미지에서 글자와 이미지 일부만 수정하면 쉽고 빠르게 썸네일을 만들 수 있습니다.

NOTE **미리캔버스는 무료 버전부터 사용하자**

미리캔버스는 무료로 사용할 수 있으나 일부 템플릿은 유료로 따로 구매하여 사용할 수 있습니다. 우선 무료 템플릿 위주로 사용해 보시고 조금 더 디자인을 다양하게 해보고 싶으시다면 그때 구매해도 충분합니다. 저는 무료 버전으로도 잘 사용하고 있습니다.

지금까지 썸네일의 개념, 썸네일 카피라이팅 스킬, 쉽게 썸네일을 제작하는 디자인 툴까지 살펴봤습니다. 마지막으로 썸네일 제작 과정을 한 번 더 정리해 보겠습니다.

썸네일 제작 프로세스	
1단계	조회 수가 잘 나온 유튜브 영상의 썸네일을 살펴보고 내 영상의 썸네일에 어떻게 응용하면 좋을지 고민 또 고민한다.
2단계	내가 다룰 영상의 주제와 비슷한 느낌의 이미지를 직접 촬영하거나 찾아서 배경으로 삽입한다.
3단계	썸네일 카피의 폰트(서체)는 가급적 눈에 잘 띄는 두꺼운 계열의 폰트를 사용한다.
4단계	배경 이미지 때문에 문구가 잘 보이지 않는다면 배경을 어둡게 하거나 글자에 테두리를 넣는다.
5단계	문구 중 중요하다고 생각되는 키워드에 강조색을 넣는다(예: 흰색 글자에 노란색 계열로 포인트를 준다).

NOTE 유튜브신쌤이 추천하는 썸네일 무료 폰트

인터넷에서 마음에 드는 폰트를 무턱대고 다운로드하면 저작권 문제가 발생할 수 있습니다. 하지만 미리캔버스에서 제공하는 폰트는 저작권 문제를 고민하지 않아도 됩니다. 그중 썸네일에 적당해서 유튜버들이 자주 사용하는 굵고 가독성 좋은 저작권 없는 무료 폰트를 소개하자면 G마켓 산스, 티몬 몬소리체, 코트라 볼드체, 이사만루체 Bold, 검은 고딕체 등이 있습니다. 폰트 저작권 관련 내용은 147쪽을 참고하세요.

03 | 검색 상위 노출되는 검색 엔진 최적화(SEO)

▶ 왜 검색 노출이 중요할까요?　　　　　≡

초보 유튜버가 채널을 키우는 방식 중에서 **검색**을 통해 시청자들이 채널에 유입되도록 하는 방법이 있습니다. 여기서 말하는 검색이란 유튜브에서 직접 키워드를 검색하여 나오는 영상을 클릭하는 경우입니다. 검색으로 유입되려면 내 영상이 특정한 키워드로 검색했을 때 **상위 노출**이 되어 있어야 합니다.

많은 분들이 영상을 올리고 내가 올린 영상 제목을 검색해도 검색 자체가 안되거나, 아주 밑에 노출될 겁니다. 그렇게 되면 사람들이 검색으로 내 영상을 시청할 확률이 거의 없겠죠. 내 영상이 관련 키워드 검색 시 상위 노출될 수 있게 만드는 것이 채널이 성장하는 핵심 노하우입니다. 이걸 모르고 그냥 열심히 올리면 아무리 영상을 잘 만들어도 조회 수가 나오지 않습니다.

탐색 조회 수 vs. 검색 조회 수

유튜브에서 조회 수가 가장 많이 나오는 것은 **탐색**, 즉 **홈 화면**에 영상이 많은 사람에게 노출되어 제목과 썸네일을 보고 클릭하는 상황입니다. 하지만 아직 구독자 수가 적은 초보 채널이라면, 내 영상이 유튜브의 홈 화면에 노출되지 않습니다. 유튜브는 검증이 되지 않은 초보 유튜버의 신규 영상보다는 이미 검증이 된 대형 채널 위주로 유튜브 홈 화면에 노출을 시킵니다. 유튜브 회사 입장에서는 고객이 최대한 오래 유튜브에 머물며 영상을 시청하도록 유도해야 합니다. 따라서 콘텐츠가 이미 검증된 대형 채널을 더 많이 홍보하는 건 당연한 결과입니다.

물론 신규 채널도 홈 화면에 노출되긴 하므로 빠른 채널 성장을 원하신다면 탐색 노출을 노려야 합니다. 그러기 위해서는 사람들이 많이 시청할 만한 주제와 썸네일 문구를 지속적으로 고민하셔야 되죠.

사업을 위한 비즈니스 채널이라면 검색 노출도 중요하다

홈 화면의 **탐색 조회 수**와 달리, 직접 검색창에 키워드를 검색해서 노출된 **검색 조회 수**는 조회 수가 폭발적으로 많이 나오진 않지만 꾸준히 발생합니다. 특히 유튜브를 통한 사업화를 목표로 한다면 검색 조회 수는 더 중요합니다. 우연히 알고리즘을 통해 영상을 시청하는 것보다는 유튜브 검색을 통해 내 영상을 선택해서 시청했다는 결괏값이 훨씬 더 영향력이 있기 때문입니다.

탐색을 통해 영상을 시청하는 것은 썸네일을 보고 호기심에 내 영상을 클릭했을 가능성이 큽니다. 즉 대부분 한 번 영상을 시청하다가 원하지 않는 내용이라면 이탈하는 경우가 많습니다. 하지만 유튜브에서 직접 키워드를 검색해서 내 영상을 찾았다면 이러한 콘텐츠에 정말 관심이 있어서 영상을 시청했다는 뜻입니다.

결국 동일한 조회 수라도 **구독**이나 추후 사업 시 검색 조회 수가 **구매**로 전환될 가능성이 좀 더 높다고 할 수 있습니다. 그래서 유튜브를 통해 상품을 판매하거나 지식을 판매하는 비즈니스 유튜브 채널을 운영할 계획이라면, 검색 노출의 비중이 클수록 고객을 모으고 판매하기 좋습니다.

내 영상의 제목을 검색해도 안 나와요

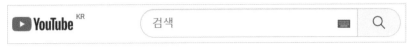

▲ 유튜브 검색창

사람들은 유튜브에서 관심이 있는 키워드 검색 시 상위에 노출되는 영상을 주로 클릭해서 시청합니다. 그렇기 때문에 내 영상이 관련 키워드 검색 시 상위 노출될 수 있게 만들어야 합니다. 무작정 영상을 올리면 아무리 영상을 잘 만들어도 검색 시 내 영상이 상위에 노출되지 않습니다. 제가 운영하는 채널은 다른 채널보다 **유튜브 검색**을 통한 시청 비중이 가장 큽니다.

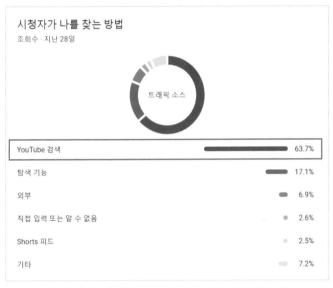

▲ 유튜브신쌤 채널 트래픽 소스(2023년 11월)

빠르게 성장하는 채널이라면 대부분 탐색, 추천 동영상이 대부분을 차지합니다. 하지만 이렇게 특정 키워드로 검색 시 내 영상이 상단에 노출되는 유튜브 검색의 비중이 높다면 조회 수가 급격하게 성장하지는 않아도 꾸준하게 지속적으로 성장합니다. 그렇기 때문에 특히 정보성 채널을 운영하려면 검색 상위 노출 방법을 알아야 합니다. 제 채널의 사례를 함께 살펴보겠습니다.

유튜브 입문자용 프리미어 프로 2022 영상편집 14분 마스터 강좌(한글판)
조회수 44만회 · 1년 전

해당 영상은 유튜브 검색을 통한 시청 비중이 80%를 넘습니다. 조회 수가 급격하게 성장하지는 않았지만 하루에 약 1천 회씩 지속적으로 나오고 있으며 이 영상으로 인해 구독자도 꽤 많이 늘어나고 있습니다.

시청자가 이 동영상을 찾는 방법
조회수 · 게시 이후

트래픽 소스

YouTube 검색	84.5%
탐색 기능	6.6%
직접 입력 또는 알 수 없음	3.5%
기타 YouTube 기능	1.4%
외부	1.2%
기타	2.9%

이 영상은 대부분 유튜브 검색을 통해 조회 수가 발생하였습니다. 꾸준히 조회 수가 나오는 이유는 '프리미어프로 2022'라는 키워드로 검색 시 최상단에 나오기 때문입니다.

▶ 검색 엔진 최적화의 비밀 ☰

물론 무조건 상단에 노출되는 마법의 공식은 없습니다. 하지만 상단에 노출될 확률을 높이는 방법은 있습니다. 바로 **검색 엔진 최적화**입니다. SEO(search engine optimization) 또는 **검색 엔진 최적화**라는 말을 들어본 적 있나요? SEO(검색 엔진 최적화)란, 쉽게 말하면 **특정한 키워드**로 검색 시 내 영상이 상단에 노출될 수 있게 만드는 작업입니다. 아마 블로그나 다른 온라인 활동을 하신 분이라면 잘 아실 수도 있습니다. 유튜브도 마찬가지로 검색 시 내 영상이 상단에 노출되려면 검색 엔진 최적화를 해야 합니다. 그래야 특정한 키워드로 검색할 때 내 영상이 상단에 노출될 확률이 높아집니다.

검색 엔진 최적화는 이 한 가지를 반드시 기억하셔야 합니다. 바로 핵심 키워드를 반복해서 작성하는 것입니다. 유튜브는 키워드를 작성할 수 있는 곳으로 **제목, 설명, 태그**가 있습니다. 여기에 사람들이 검색할 만한 핵심 키워드를 반복해서 적는 것입니다. 제목, 설명, 태그에 키워드를 반복해서 적는 이유는 알고리즘에 이 영상의 핵심 키워드를 알리기 위해서입니다.

▲ 제목과 설명 작성란

▲ 태그 작성란

썸네일 문구는 영상을 시청할 **사람들**의 호기심을 끄는 카피력이 필요합니다. 반면에 제목, 설명, 태그는 **유튜브 알고리즘**이 해당 영상이 어떤 주제인지 파악할 수 있도록 구성해야 합니다. 여러 번 강조했지만 처음 유튜브를 운영하는 분일수록 많은 시간을 들여서 영상을 만들고, 업로드는 대충 하는 경우가 많습니다. 하지만 제목, 설명글, 태그를 어떻게 삽입하느냐에 따라 검색 노출도가 달라지기 때문에 전략적으로 업로드를 해주셔야 합니다.

- ▶ **썸네일 :** 영상 시청자가 보는 영상 소개
- ▶ **제목, 설명, 태그 :** 유튜브 알고리즘이 파악하는 영상 소개

경쟁률이 낮은 키워드부터 공략한다

그렇다면 사람들이 많이 검색할 만한 키워드를 제목, 설명, 태그에 반복해서 쓰면 무조건 상단에 노출될까요? 안타깝지만 노출되지 않을 확률이 높습니다. 사람들이 많이 찾는 키워드일수록 이미 대형 유튜브 채널들이 해당 키워드를 선점하고 있기 때문입니다. 그렇기 때문에 검색 시 상위 노출되기 위해서는 우선 **경쟁률이 낮은 키워드**를 사용해야 합니다.

예를 들어보겠습니다. 유튜브에 '음악'이라는 키워드를 제목에 사용하는 채널은 아주 많습니다. 즉 '음악'이라는 키워드는 많은 유튜버들이 사용하는 **대형 키워드**입니다. 그럼 '유튜브 음악'이라고 검색하면 어떨까요? '음악'이라는 키워드에 비하면 덜 사용되는 키워드이지만 여전히 대형 키워드입니다.

- ▶ 음악 → 유튜브 음악 → 유튜브 음악 다운로드 → 저작권 없는 유튜브 음악 다운로드하는 법

이렇게 키워드를 조금씩 구체화하면서 경쟁률이 낮은 키워드로 좁혀 나가면, 해당 키워드로 검색량 자체는 많지 않지만 아직 제목으로 많이 사용하지 않는 키워드, 즉 **경쟁률이 낮은 키워드**를 만들 수 있습니다. 이러한 키워드로 사람들이 검색을 한다면 내 영상이 상위에 노출될 확률이 높아집니다.

'저작권 없는 유튜브 음악 다운로드하는 법'처럼 긴 문장 형태의 키워드를 롱테일 키워드 (Long-tail Keywords)라고 부릅니다. 채널이 크지 않은 초기에는 이런 롱테일 키워드를 의도적으로 사용해야 검색했을 때 내 영상이 상단에 노출될 확률이 높아집니다. 물론 해당 키워드를 검색하는 사람들이 많지는 않아 조회 수 자체는 많이 나오진 않습니다. 하지만 해당 키워드를 검색해서 유입된 사람들은 내 채널의 주제에 관심이 이미 있는 사람이거나, 앞으로 더 관심을 갖게 되어서 구독까지 이어질 확률이 높아집니다.

▶ 제목은 많이 검색할 만한 핵심 키워드를 중심으로

검색 엔진 최적화에서 가장 영향력이 큰 곳은 바로 **제목**에 들어갈 키워드 입니다. 따라서 영상의 제목에는 사람들이 많이 검색할 만한 핵심 키워드를 넣는 것이 중요합니다. 제목의 키워드를 찾을 때 가장 좋은 방법은 **유튜브 검색창**을 활용하는 것입니다. 유튜브 검색창은 사람들이 많이 검색하는 키워드를 추천해 줍니다.

예시로 제가 유튜브신쌤 채널에 올린 영상의 제목을 어떻게 지었는지 함께 살펴보겠습니다. 먼저 유튜브 검색창에 '유튜브 음악'이라고 검색했습니다.

이처럼 '유튜브 음'까지만 작성해도 해당 키워드와 관련된 사람들이 많이 찾는 키워드가 표시됩니다. 여기에서 내 영상과 관련된 키워드를 살펴보고 제목을 만들었습니다.

> 제목(필수 항목) ⓘ
> 유튜버들이 자주 쓰는 유튜브 음악 추천 TOP10 & 유튜브 음악 다운로드 방법 (PC, 스마트폰)

제목과 썸네일 문구는 다르게 만들자

다음의 두 가지 중 **제목**과 **썸네일**으로 각각 어떤 문구는 어울릴까요?

▶ 영상 업로드하는 법, 업로드 시간은 언제가 좋을까?
▶ 영상 업로드 대충 하면 안 되는 이유

제가 추천하는 방식은 아래와 같습니다.

▶ 영상 업로드하는 법, 업로드 시간은 언제가 좋을까? → 제목
▶ 영상 업로드 대충 하면 안 되는 이유 → 썸네일

제목은 사람들이 많이 검색하는 키워드를 삽입해야 합니다. 즉 알고리즘에 해당 키워드를 노출시키기 위해서입니다.

이렇게 유튜브 검색창에 키워드를 넣고 상위에 노출되어 있는 '영상 업로드하는 법'이라는 키워드를 제목에 작성하는 것이 좋습니다.

▶ 설명은 제목에 나온 키워드를 반복한다 ☰

대형 유튜브 채널은 **설명** 글을 제대로 적지 않는 경우도 많습니다. 대형 채널은 유튜브 홈 화면에서 탐색으로 이미 충분히 노출되기 때문입니다. 탐색, 추천 동영상 중심으로 조회 수가 나오는 채널은 설명 글을 짧게 쓰거나 작성하지 않기도 합니다. 하지만 검색 노출이 필요한 정보성 유튜브 채널 또는 초보 유튜브 채널은 검색 노출을 통한 조회 수도 초기 성장에 중요한 역할을 합니다. 설명 글은 제목에 사용한 키워드를 그대로 사용해서 좀 더 자세하게 작성해 준다고 생각하시면 됩니다.

제목(필수 항목) ⑦
유튜브 영상 업로드 하는법 | 조회수 오르는 유튜브 영상 올리는 방법 공개

설명 ⑦
유튜브 영상 업로드, 아직도 그냥 업로드 하시나요?
유튜브 영상 업로드 하는법, 조회수 오르는 유튜브 영상 올리는 방법을 알려드립니다.

이번시간에 배울것은
- 유튜브 영상 올리는 방법
- 유튜브 제목, 설명, 태그 작성법
- 최종화면, 카드추가, 예약설정 방법

[스마트폰 영상업로드 방법]
https://youtu.be/wosbdJzBaWc

유튜브 영상 업로드 방법의 모든것을 이번 시간에 알려드립니다.

#유튜브영상 올리는법

제목에 '유튜브 영상 업로드하는 법'이라고 작성하셨다면 설명 글도 같은 키워드를 활용해서 작성합니다. '영상 업로드하는 법'이나 '영상 올리는 법'처럼 제목에 작성한 키워드를 설명에 가급적 많이 작성해야 합니다. 그래야 시청자들이 '유튜브 영상 업로드' 관련 내용을 검색할 때 내 영상이 상위 노출될 가능성이 커집니다.

설명 글의 키워드는 띄어쓰기까지 신경 쓰기

제목에 사용한 키워드를 설명 글로 활용할 때는 띄어쓰기까지 되도록 똑같이 작성해야 합니다. 제목과 설명 글에서 띄어쓰기가 다르면 알고리즘은 두 키워드를 다른 내용으로 인식할 수 있기 때문입니다. 따라서 제목에 '유튜브 영상 업로드하는법'이라는 키워드를 사용했다면 설명 글도 띄어쓰기까지 동일하게 작성해야 합니다.

▶ 태그는 세부 키워드를 중심으로 작성한다 ☰

영상을 업로드할 때 **태그**를 작성하는 란이 있습니다. 유튜브에서 내가 쓴 태그는 다른 사람들에게 노출되지 않습니다. 태그를 쓰는 이유는 제목, 설명과 마찬가지로 알고리즘에게 해당 키워드의 주제로 영상을 업로드했다는 걸 알리기 위해서입니다. 따라서 제목, 설명 글에 작성한 키워드를 중심으로 작성하면 좋습니다. 태그는 제한 없이 작성할 수 있으나 과도한 태그 사용은 부적절한 콘텐츠로 간주될 수 있으니 영상과 관련 있는 태그만 작성하시기 바랍니다.

이렇게 '프리미어프로'라는 키워드를 중심으로 '프리미어프로 2022', '프리미어프로 가격', '프리미어프로 설치', '프리미어프로 강좌' 등 영상의 내용과 관련 키워드로 작성하는 게 좋습니다.

태그와 해시태그의 차이점

인스타그램, 블로그 등 다른 SNS를 해봤다면 **해시태그**를 이미 알고 계실 것입니다. 해시태그는 # 뒤에 단어를 붙여서 작성하는 것으로, 문장이 아니라 단어 형태만 작성할 수 있습니다. 해시태그는 유튜브 설명글에 **#유튜브** 또는 **#영상제작**처럼 띄어쓰기 없이 만들어서 삽입하실 수 있습니다.

해시태그와 태그가 어떤 차이점이 있는지 잘 모른다면 이 두 가지를 혼동할 수 있습니다. 특히 유튜브에서는 해시태그와 태그의 차이점을 인지하고 있어야 합니다. 검색 엔진 최적화에 좀 더 중요한 요소는 태그입니다. 해시태그 또한 검색 가능성을 높이고 해당 키워드와 관련된 동영상을 찾는 데 사용됩니다. 검색창에 **#무료영상 편집**이라는 식으로 검색하면 관련 해시태그를 삽입한 영상을 찾을 수 있습니다. 하지만 일반적으로 사람들이 #을 단어 앞에 붙여서 검색하는 상황은 많지 않아서 노출 효과는 크지 않습니다.

NOTE 검색 상위 노출 핵심 정리
1. 동일한 키워드로 제목, 설명, 태그를 작성한다.
2. 이 키워드는 영상의 내용 및 채널 주제와 연관이 있어야 한다.
3. 내 영상의 노출 클릭률, 시청 지속 시간도 높아야 검색 노출도 더 잘 된다.

04 | 영상 업로드에도 공식이 있다

▶ 몇 시에 업로드하면 좋을까요? ☰

영상을 언제 업로드하느냐는 상당히 중요한 문제입니다. 업로드 시간은 내 영상을 시청할 사람들이 하루 중 언제 내 영상을 많이 보게 될지를 파악해서 전략적으로 해야 합니다. 유튜브 채널에 영상을 꾸준히 올려서 어느 정도 성장하면, 영상이 발행된 직후 1-2시간의 조회 수가 얼마나 나오느냐에 따라 추후의 조회 수가 높게 나올지 적게 나올지 판단할 수 있습니다. 단, 아직 채널에 영상이 별로 없는 신규 채널이라면 처음에 조회 수가 전혀 나오지 않다가 어느 날 갑자기 급상승하는 경우도 있습니다.

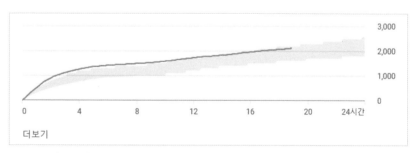

▲ 유튜브 채널의 평균적인 조회 수 성장 그래프

유튜브에 영상을 올리면 일반적으로는 영상 업로드 후 **첫 2~3시간**은 조회 수가 급격하게 상승하다가 그 이후로 조회 수가 완만하게 올라갑니다. 그렇기 때문에 내 영상을 시청할 만한 사람들이 주로 언제 유튜브 영상을 보는지 파악하고 사람들이 많이 볼 만한 **시간대**와 **요일**에 영상을 업로드해야 됩니다. **유튜브 스튜디오**에서 [**분석**] 탭을 클릭하면 시청자가 유튜브를 이용하는 시간대를 확인하실 수 있습니다.

여기서 내 영상을 주로 시청하는 시간대, 즉 아래의 표에서 **진한 색**이 많은 시간대에 영상을 업로드하는 게 좋습니다.

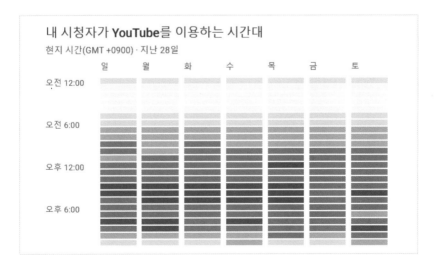

예를 들어, 위의 **분석**에서 시청하는 사람이 거의 없는 새벽 시간(오전 12시 ~6시)에 영상을 업로드했다면 영상이 아무리 좋은 내용이라도 첫 1~2시간의 조회 수가 낮게 나옵니다. 그렇게 첫 2시간의 조회 수가 낮으면 유튜브 알고리즘이 추천을 많이 해주지 않기 때문에 그 이후에도 지속적으로 조회 수가 낮게 나옵니다. 반면에 영상을 업로드한 직후 노출 대비 조회 수가 꽤 높게 나온다면 유튜브 알고리즘은 이 영상을 좋은 영상이라 판단하여 더 많이 노출시켜줍니다. 따라서 언제 영상을 업로드하느냐는 상당히 중요한 요소입니다. 만약 미리 완성했더라도, 바로 발행하지 마시고 **[예약]** 기능을 활용하여 사람들이 많이 시청할 시간에 업로드하시는 것을 추천합니다.

예약 기능의 장점들

유튜브신쌤 채널은 매주 일요일 저녁 9시에 영상을 업로드하고 있습니다. 이렇게 예약 시간을 정해 놓고 같은 시간에 업로드를 하면 꾸준히 채널을 관리하고 있다는 인상을 주기 때문에 영상을 기다리는 구독자 분들에게 **신뢰**를 조금씩 쌓을 수 있습니다. 또한 유튜브 알고리즘도 같은 시간대에 반복적으로 업로드하는 채널을 좀 더 선호한다는 이야기도 있습니다.

업로드를 할 때 예약 기능을 사용하는 이유는 더 있습니다. 유튜브 영상 업로드 시 영상 길이가 길 경우, 업로드 이후 **고화질** 변환까지 시간이 걸립니다. 바로 공개로 업로드를 한다면 가장 처음에 내 영상을 시청하는 사람들은 고화질 변환이 되지 않은 저화질의 영상을 시청하기 때문입니다.

NOTE **Premieres 동영상으로 시청자와 소통하기**

예약 기능으로 영상을 업로드할 때 아래와 같이 Premieres 동영상으로 설정이라는 체크 박스가 나옵니다. 이 기능은 미리 녹화된 동영상을 실시간으로 공개하는 기능으로 예약된 시간에 시청자들과 동영상을 함께 보면서 실시간 채팅을 할 수 있는 기능입니다.

동영상의 재생 시간이 길다면 영상 재생 기간 동안 채팅창에서 소통할 수 있기 때문에 팬층을 늘릴 수 있고, 시청자들이 계속 시청하도록 유도하여 시청 지속 시간을 늘리기에도 좋습니다.

	동영상 링크
시간대 ⑦	동영상을 Premieres 동영상으로 설정하면 시청자와 같은 시간에 함께 시청할 수 있습니다.
동영상은 게시될 때까지 **비공개** 상태로 유지	
☐ Premieres 동영상으로 설정 ⑦	공개 보기 페이지가 만들어지고 동영상 시작 시간까지 카운트 다운이 표시됩니다. 동영상이 시작되면 실시간 채팅과 댓글을 통해 시청자와 소통할 수 있습니다.
	자세히 알아보기

게시 전에 다음 사항을 확인하세요.

이 동영상에 어린이가 등장하나요?

▶ 무슨 요일에 올릴까요? ☰

무슨 요일에 올리면 좋은지도 채널의 주제마다 다릅니다. 제가 운영하는 채널은 약 6년 간 지속해 보니 조회 수가 요일에 따라 차이가 나는 상황이 반복되었습니다. 제 채널은 정보를 알려주는 유튜브 채널이라서 그런지 주중 일과를 마무리하고 편하게 쉬고 싶은 사람이 많은 금요일에는 조회 수가 다른 날보다 현저히 적게 나옵니다. 주말에 다시 조회 수가 조금씩 회복되고 수요일 이후로는 조회 수가 점차 떨어집니다.

유튜브신쌤 채널은 일요일 저녁의 조회 수가 평균적으로 가장 높게 나왔습니다. 그리고 저녁 9~10시 사이가 조회 수가 가장 높게 나온다는 사실을 데이터 평균으로 확인할 수 있었습니다. 이런 데이터를 바탕으로 사람들이 제 영상을 많이 시청하는 시간인 **일요일 저녁 9시**에 항상 영상을 업로드하고 있습니다. 그렇기 때문에 ○요일 주 ○회 ○시 업로드라고 정하고 계획을 세워서 영상을 업로드하시는 걸 추천합니다.

▶ 영상 길이는 몇 분으로 할까요? ☰

유튜브에서는 **8분** 미만의 영상에는 **중간 광고**를 제한 없이 여러 개 삽입할 수 있습니다. 유튜브 광고 수익은 광고 시청에 따른 수익이 지급되므로 광고를 여러 개 삽입하면 그만큼 조회 수 광고 수익을 더 많이 창출할 수 있습니다.

따라서 8분 미만의 영상과 8분 이상의 영상을 비교했을 때 당연히 광고를 더 많이 넣은 쪽의 수익이 많이 나옵니다.

아래와 같이 8분 이상의 영상에는 광고를 내가 원하는 곳에 여러 개를 삽입할 수 있습니다. 그래서 조회 수 광고 수익을 위해서는 8분 이상의 영상을 만드는 것이 좋습니다.

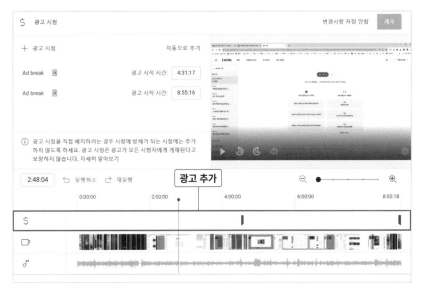

▲ 광고 시점 직접 배치하기

그런데 사람들이 유튜브를 처음 시작한 채널의 긴 영상을 끝까지 보는 경우는 많지 않습니다. 그리고 영상이 길수록 제작하는 시간이 길어집니다. 그래서 처음에는 약 3~5분 정도의 짧고 임팩트 있는 영상으로 구독자를 늘리는 게 더욱 중요합니다. 광고 수익 때문에 일부러 영상을 8분 이상으로 늘려서 만들지 마세요. 차라리 짧고 강렬한 영상을 여러 개 만들어서 시청 시간을 늘리는 게 우선입니다.

유튜브에서는 영상을 **자주** 그리고 **많이** 올릴수록 알고리즘이 유리하게 작용합니다. 간혹 열정이 넘치는 분들은 이 점을 염두에 두고 하루에도 영상을 여러 개 만들어 동시에 업로드합니다. 물론 영상을 업로드하면 직후의 1-2시간 동안 유튜브 알고리즘이 해당 영상을 사람들에게 가장 많이 노출합니다. 하지만 여러 영상을 동시에 올리는 행위는 권장하지 않습니다. 추천할 만한 신규 영상이 많으면 알고리즘의 추천 빈도가 분산될 수 있기 때문입니다. 여러 개를 동시에 완성했더라도 업로드 시간을 정해서 하루 1개씩만 예약 기능으로 올리는 게 좋습니다.

유튜브를 시작하는 사람들 중에서 많은 분들이 초기에는 의지가 충만하기 때문에 본업이 있음에도 불구하고 주 3개 이상의 영상도 올리고는 합니다. 그런데 일주일에 3개 이상 영상을 업로드 한다고 해서 구독자, 조회 수가 금방 늘지는 않습니다. 그러다 보면 금방 지치게 되고 이렇게 업로드 주기가 늘어나게 되면 조회 수는 더 안 나오는 악순환이 생기게 됩니다.

이렇게 열정이 식으면서 그만두는 분들을 많이 봤습니다. 유튜브는 꾸준히 지속해야 성과가 납니다. 1년 이상 장기적으로 생각하시고 유튜브 영상 만들다가, 지치지 않을 정도인 약 주 1-2회 정도로 꾸준히 올리시는 것을 추천합니다. 물론 채널이 빠르게 성장하지 않겠지만 주 1회 정도는 주말을 활용해서 부담 없이 만들 수 있는 수준이기 때문입니다.

> **NOTE 유튜브 쇼츠와 영상 업로드**
> 최근에는 유튜브 쇼츠를 함께 하시는 분들도 많이 있습니다. 일반 영상 1개 + 유튜브 쇼츠 영상 1~2개 정도는 큰 부담 없이 하실 수 있을 거라 생각합니다. 만약 1주에 1개도 힘드시다면 최소 2주 1회는 지속적으로 업로드를 하셔야 합니다. 이것마저 부담스럽다면 유튜브 채널을 키우기는 어렵다고 생각하시면 됩니다.

영상을 업로드할 때는 4가지(비공개, 일부 공개, 공개, 예약) 기능 중 하나를 선택할 수 있습니다. 일반적으로는 앞에서 설명한 바와 같이 예약 기능(128쪽)을 활용해 가급적 동일한 시간대에 업로드하는 것이 좋습니다. 비공개, 일부 공개 등 기능도 필요하다면 적절하게 활용해 보세요.

> ◉ 저장 또는 게시
> 동영상을 공개, 일부 공개 또는 비공개로 설정합니다.
>
>   ◉ 비공개
>   나와 내가 선택한 사람만 내 동영상을 볼 수 있습니다.
>
>   ○ 일부 공개
>   동영상 링크를 받은 사람은 내 동영상을 볼 수 있습니다.
>
>   ○ 공개
>   모든 사용자가 내 동영상을 볼 수 있습니다.
>   ☐ 인스턴트 Premieres 동영상으로 설정 ⑦

▶ **비공개 :** 본인과 채널 운영자가 초대한 사람만 동영상을 볼 수 있습니다. 이메일 주소를 통해 초대를 할 수 있습니다.

▶ **일부 공개 :** 동영상 링크를 받은 사람은 동영상을 볼 수 있습니다. 주로 강의 등 특정한 커뮤니티의 사람들만 영상을 시청하게 만들고 싶을 때 사용합니다.

▶ **공개 :** 모든 유튜브 시청자가 즉시 해당 영상을 시청할 수 있습니다.

MEMO

CHAPTER

4

★ ★ ★ ★ ★
채널 관리 노하우와
저작권

유튜브 채널을 운영하다 보면
채널 관리에 대한 궁금증이 발생합니다.
이번 챕터에서 이런 궁금증에 답변해 드리겠습니다.

01 | 채널 관리 체크리스트

▶ 조회 수와 구독자가 늘어나지 않아요 ☰

유튜브에서 신규 채널은 매일 늘어나다 보니 처음에는 영상을 업로드하더라도 노출 자체가 거의 안 되는 경우가 많습니다. 제가 새롭게 운영하고 있는 유튜브 채널도 영상을 6개 업로드할 때까지 조회 수가 한 자릿수로 나올 만큼 성장 속도가 더디었습니다. 그럼에도 양질의 영상을 꾸준히 업로드하신다면 어느 순간 폭발적으로 성장하는 영상이 나오기 마련입니다. 아래의 그래프는 업로드한 지 **약 50일** 만에 **7천 조회 수**를 찍은 영상의 조회 수 변화입니다.

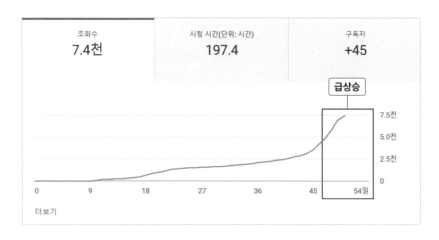

이처럼 업로드 후 처음 10일 동안 조회 수가 한 자릿수였으나, 어느 순간 이렇게 알고리즘의 간택을 받기도 합니다. 특히 이 영상은 업로드한 지 40일이나 지난 후에 조회 수가 급격하게 성장한 케이스입니다. 그러므로 영상을 업로드한 후 매번 구독자, 조회 수를 살펴보면서 조급해하지 말고 적어도 10개 이상을 업로드할 때까지는 조회 수가 나오지 않더라도 콘텐츠 업로드 자체에 집중하시기 바랍니다.

외부 유입 적극 활용하기

초기에는 유튜브 알고리즘이 내 채널을 거의 노출해 주지 않습니다. 그렇기 때문에 외부 트래픽을 활용하여 채널을 알릴 필요가 있습니다. 블로그, 인스타그램 같은 다른 SNS를 하고 계신다면 유튜브 채널 개설 소식을 알리고 링크를 공유하는 것이 좋습니다.

개인 SNS는 나의 '찐 팬'이 모인 곳이기 때문에 유튜브 채널을 구독하고 영상을 끝까지 시청해 줄 가능성이 큽니다. 예를 들어, 블로그를 잘 운영해 오시던 한 분은 유튜브 채널 개설 후 블로그에 유튜브 채널 링크를 공유했습니다. 첫 영상 업로드 전부터 구독자가 빠르게 모였고, 첫 영상를 올리자 알고리즘을 타서 2주 만에 조회 수 10만 회와 구독자 1,000명을 돌파한 사례도 있습니다.

SNS 채널이 없다면 카페, 커뮤니티, 단톡방 등 내 영상에 관심이 있을 만한 사람들이 있는 곳에 링크를 홍보하는 것도 방법입니다. 여기서 주의할 점은 무작정 유튜브 링크만 뿌리면 영상을 클릭만 하고 정작 시청은 하지 않기 때문에 오히려 채널에 악영향을 미칠 수 있다는 것입니다. 외부 단톡방 및 커뮤니티 등에 홍보하기 위해서는 무분별한 홍보를 한다는 인상을 주지 않기 위해서 지속적인 커뮤니티 활동을 통해 유대 관계를 꾸준히 형성하시는 것이 필요합니다.

유튜브 채널을 운영할 때 빠르게 채널을 키우기 위해 여러 시도를 해 봅니다. 하지만 오히려 채널에 악영향을 미치는 경우가 있습니다.

❶ 맞구독

맞구독은 서로 구독을 해주는 행위입니다. 종종 구독자를 늘리기 위해 서로 구독을 눌러주는 사례가 있습니다. 당장 구독자는 늘어날 수 있으나 문제는 구독만 하고 채널의 영상을 시청하지 않을 가능성이 높기 때문에 알고리즘에 오히려 악영향을 끼칠 수 있습니다.

❷ 조회 수를 올리는 프로그램

한동안 유튜브 구독자, 조회 수를 올려준다는 온라인 광고가 성행했습니다. 그중에서 프로그램을 활용하여 인위적으로 구독자, 조회 수를 늘리는 방법으로 돈을 버는 업체도 있으나, 유튜브 알고리즘은 이렇게 인위적으로 조회 수를 올리는 것을 바로 알아내며 노출을 떨어뜨립니다. 인위적인 방법은 하지 않는 것이 좋습니다.

❸ 무분별한 지인 홍보

보통 유튜브를 처음 시작하시는 분들은 먼저 지인, 친구, 친척들에게 유튜브 채널을 홍보합니다. 이들에게 홍보를 하면 구독은 눌러주겠지만 관심 있는 주제가 아니라면 영상을 지속적으로 시청하지 않을 확률이 높습니다. 구독만 하고 시청하지 않으면 유튜브 알고리즘에 상당한 악영향을 미칠 수 있습니다. 그러니 직계 가족 또는 이 내용에 정말 관심이 있을 지인에게만 내 채널을 추천하시기 바랍니다.

❹ 동영상 삭제

유튜브는 업로드한 영상을 삭제하는 것을 좋아하지 않습니다. 업로드 이후 영상에 오류가 있어서 삭제 후 다시 업로드하면 처음 업로드한 영상에 비해 현저히 조회 수가 적게 나오는 경우가 종종 있습니다. 그렇게 되면 그 다음 영상까지도 영향을 미칠 수 있습니다. 따라서 업로드 공개 이후에는 수정이 어렵다고 생각하고 확실히 검토한 후 업로드하는 습관을 들이는 것이 좋습니다. 만약 공개 이후 오류나 문제점을 발견했다면 해당 영상은 삭제보단 비공개하기를 추천합니다.

❺ 자주 수정하는 행위

영상 업로드 이후 제목, 설명 글, 태그 등을 자주 고치는 행위는 알고리즘의 교란을 일으켜 SEO(검색 엔진 최적화)에 악영향을 미칠 수 있습니다. 제목, 설명 글, 태그는 자주 수정하지 않는 것이 좋습니다. 단, 썸네일 이미지는 자주 수정해도 큰 영향을 주지는 않습니다.

▶ 이럴 때는 다시 시작하는 게 나아요 ☰

아무리 영상을 열심히 올려도 조회 수가 잘 나오지 않는 채널이 있습니다. 이럴 때는 아까워도 채널을 포기하고 다시 새 채널로 시작하는 게 더 나을 수 있습니다.

여러 주제의 영상을 업로드 운영한 경우

전혀 관련 없는 여러 주제의 영상을 업로드한 경우 유튜브에서 어떤 주제의 채널인지를 파악하지 못합니다. 그렇게 채널은 노출이 되지 않고 죽은 채널이 됩니다.

대중이 관심 없는 주제

사람들의 관심을 끌지 못하는 비인기 주제의 채널도 중단하고 다시 시작하시는 게 좋습니다. 나만 관심이 있고 대중이 관심 없는 주제는 지속하더라도 성장하지 않을 확률이 더 큽니다.

지금까지 업로드한 영상과 구독자, 조회 수가 아깝다고 생각될 수 있습니다. 하지만 이미 알고리즘에서 추천하지 않는 채널에 계속 업로드를 한다고 해서 다시 회복시키는 것은 더욱 어렵습니다.

맞구독 & 지인 홍보

맞구독과 지인 위주 채널 홍보처럼 일단 구독자를 늘리고 보자는 식으로 채널을 운영하셨다면 앞으로 채널이 성장하기 힘들 수 있습니다. 이렇게 구독자 수는 많은데 채널의 영상을 지속적으로 시청하지 않으면 이 채널이 좋지 않은 채널로 판단되어 알고리즘이 노출률을 대폭 떨어뜨리기 때문입니다.

▶ 유튜브 채널을 좀 더 효과적으로 관리하는 꿀팁　　☰

채널 섹션 정리

유튜브에 영상 개수가 많아지면 업로드한 영상을 섹션별로 분류하시는 걸 추천합니다. [유튜브 스튜디오] → [맞춤설정] → [레이아웃] → [추천 섹션] 탭에서 수정할 수 있습니다. [섹션 추가]를 클릭하면 섹션을 추가하거나 변경할 수 있습니다. 섹션은 직접 이름을 붙여 만들 수도 있으며 **인기 동영상**, **회원 전용 동영상** 섹션도 만들 수 있습니다.

구독 워터마크 삽입

브랜딩 효과를 주는 **동영상 워터마크**는 사람들이 영상을 시청하면 설정한 시간에 **구독 마크**가 표시되게 하는 장치입니다. 워터마크는 **[유튜브 스튜디오]** → **[맞춤설정]** → **[브랜딩]** 탭에서 삽입할 수 있습니다.

설명, 태그 기본 툴 작성

영상 업로드할 때 **설명 글**에는 운영하고 있는 SNS 주소 또는 메일 주소 등을 함께 기재하여 홍보하는 것도 좋은 방법입니다. 하지만 영상을 업로드할 때마다 똑같은 내용을 작성하기엔 귀찮을 수 있습니다. 매번 추가하고 싶은 설명 글, 태그는 **[유튜브 스튜디오]** → **[설정]** → **[업로드 기본 설정]** → **[기본 정보]** 탭에서 미리 작성해 놓을 수 있습니다.

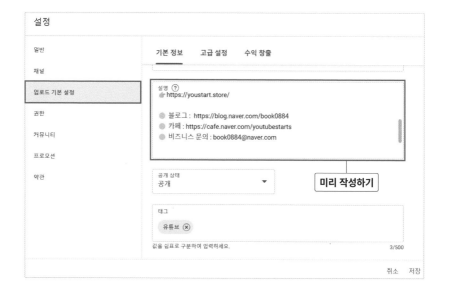

▶ 앞으로 자주 사용할 어플

유튜버들이 가장 많이 사용하는 어플은 무엇일까요? 바로 **유튜브 스튜디오**입니다. 유튜브 스튜디오는 내 채널의 **조회 수**, **구독자**, **시청 시간** 등 다양한 정보를 실시간으로 확인할 수 있습니다. 또한 댓글도 확인 후 바로 답변해 줄 수 있기 때문에, 유튜버들의 필수 어플이라고 할 수 있습니다.

▲ 유튜브 스튜디오 어플

▲ 모바일로 본 유튜브 스튜디오 화면

02 | 유튜브 저작권, 이것만 알고 시작하자

▶ 저작권에 관한 규정

유튜브를 시작할 때 저작권이 중요하다는 것은 다들 알고 계십니다. 하지만 유튜브에서 저작권이 어떻게 적용되는지는 제대로 알기 어렵습니다. 왜냐하면 유튜브에서 저작권에 대한 아주 명확한 가이드를 주지 않기 때문입니다. 그래서 이번 시간에는 꼭 알아야 할 저작권 기초 상식에 대해 알려드립니다.

유튜브 저작권에 관련해서 정확한 근거가 부족한 소문을 사실처럼 전달하는 '카더라' 식의 정보가 많습니다. 하지만 어려운 저작권 문제를 다 이해할 필요는 없습니다. 문제가 될 만한 것들만 피한다면 큰 어려움없이 유튜브를 운영하실 수 있습니다. 유튜브에서 저작권 이슈가 발생하는 경우는 크게 **음악**, **영상**, **폰트**입니다. 하나씩 살펴보겠습니다.

▶ 음악 저작권

영상의 분위기에 맞는 적절한 음악은 영상을 한층 더 돋보이게 만듭니다. 하지만 음악 저작물은 유튜브에서 저작권이 엄격하게 적용됩니다. 강의를 하다 보면 '멜론에서 직접 구매한 음원인데, 당연히 유튜브에서 사용할 수 있는 것 아닌가요?', '5초 내로 짧게 삽입하는 건 괜찮나요?', '촬영 중 나의 의지와 상관없이 길에서 나오는 음악이 영상에 들어가는 것은 괜찮나요?' 등 음악 저작권에 대한 질문들을 많이 받습니다.

결론적으로는 모두 저작권법 위반 사례가 될 수 있습니다. 유튜브는 **Contents ID**라는 저작권 판별 기술을 갖고 있습니다. 이 기술은 영상을 업로드하면 자동으로 저작권 법 위반 여부를 판별하는 기술로, 타인의 저작물을 이용해 영상 콘텐츠를 만들어서 유튜브에 올렸는지 판단합니다. 이 기술은 음악을 1초만 사용했거나 촬영한 영상의 카페 등 길거리에서 들린 배경음악 소리, 심지어 멜로디를 비슷하게 흉내내는 것조차 음악 저작물 사용으로 찾아낼 수 있는 정도로 발전했습니다.

원하는 음악을 배경 음악으로 사용하면 어떻게 될까요?

내 영상에 저작권이 있는 음악을 삽입하면 아주 잠깐 음악이 들어가더라도 영상의 광고 수익이 음악 저작권자에게 갈 수 있습니다. 음악 저작권자는 음악에 대한 저작권 수익을 저작권자가 100% 수익을 취득할지, 수익을 배분할지를 직접 정할 수 있습니다. 그렇기 때문에 음악 사용은 항상 조심하는 게 좋습니다.

그럼에도 저작권 있는 음악, 영상을 꼭 사용하고 싶다면?

집필 시기를 기준으로 현재 **유튜브 쇼츠**로는 저작권 침해 걱정없이 최신 가요 등의 음원을 사용할 수 있습니다. 유튜브에서 저작권자에게 콘텐츠 사용료를 이미 지불하고 있기 때문입니다. 그러나 일반 영상 콘텐츠에는 최신 음악처럼 저작권 이슈가 민감한 음악을 함부로 사용할 수 없습니다. 하지만 이 또한 유튜브에서 새로운 정책을 만드는 과정이라고 합니다.

원하는 곡의 음원을 미리 구입해서 저작권 문제없이 사용할 수 있는 기능인 **크리에이터 뮤직**이 우리나라에서도 곧 출시될 예정이라고 합니다.(https://support.google.com/youtube/answer/11610212?hl=ko)

저작권 침해가 발생하지 않는 음악은 어디서 찾을 수 있나요?

유튜브에서는 유튜브 스튜디오의 [오디오 보관함]에서 무료 음악을 제공하고 있습니다. 여기에서 사용하는 음원들은 저작권 침해 걱정 없이 사용할 수 있습니다. 유튜브에서 자신의 계정으로 로그인 후 **[유튜브 스튜디오]** → **[오디오 보관함]** 탭에서 확인할 수 있습니다.

여기서 원하는 **장르** 또는 **분위기**를 선택 후 내 영상에 맞는 음악을 찾아서 미리 들어본 후에 다운로드할 수 있습니다. 단, 일부는 **저작자 표시**를 해야 사용할 수 있습니다. 원하는 음악의 **라이선스 유형**에서 저작자 표시가 필수 조건인지 확인하고 다운로드합니다. 오디오 보관함에서는 배경음악뿐만 아니라 효과음도 다운로드할 수 있습니다.

참고로, 배경음악을 영상에 삽입할 때는 마이크로 녹음한 내레이션 목소리가 잘 들릴 수 있도록 영상을 편집할 때 볼륨을 낮추는 편이 좋습니다.

NOTE **퀄리티 높고 저렴한 음원 다운로드 사이트**

고퀄리티의 영상을 만들려면 무료 음원만으로 아쉬울 수 있습니다. 매월 정기적으로 구독료를 내면서 저작권 침해 문제없이 음원을 다운로드할 수 있는 음원 사이트가 있습니다. 대표적인 사이트 3가지를 소개합니다.

▶ Musicbed 뮤직 베드(https://www.musicbed.com/)
▶ Epidemic Sound 에피데믹 사운드(https://www.epidemicsound.com/)
▶ Artlist 아트리스트(https://artlist.io/)

▶ 폰트 저작권 ☰

폰트만 적절하게 사용해도 영상의 퀄리티가 올라갑니다. 인터넷을 조금만 검색해 보면 무료로 다운로드할 수 있는 폰트를 찾을 수 있습니다. 하지만 무료 폰트를 다운로드할 때에도 내 영상에 사용해도 되는지 상세 내용을 잘 확인하셔야 합니다. 자칫 수백만 원대의 벌금을 내야 될 수도 있습니다.

수익 창출을 목적으로 하는 유튜브 영상을 제작할 때는 폰트의 **상업적**, **비상업적** 사용 가능 여부를 확인해야 합니다. 여기서 상업적인 용도로 사용 가능하다고 표시된 폰트만 수익 창출을 할 수 있습니다. 하지만 폰트를 어떻게 찾고 일일이 확인해야 하는지 너무 걱정하지 않으셔도 됩니다. 저작권 침해 걱정 없이 상업용 무료 폰트를 다운로드할 수 있는 사이트가 있습니다. 바로 **눈누**(https://noonnu.cc/)입니다.

▲ 상업용 무료 한글 폰트 사이트 눈누

우선 마음에 드는 폰트를 선택하면 **라이선스 요약표**를 확인할 수 있습니다. 이 중에서 **영상**의 허용 여부를 확인합니다. 그 후에 **[다운로드 페이지로 이동]**을 클릭해서 해당 폰트의 제작사 사이트로 이동하면 폰트를 다운로드할 수 있습니다.

라이선스 요약표

카테고리	사용 범위	허용여부
인쇄	브로슈어, 포스터, 책, 잡지 및 출판용 인쇄물 등	O
웹사이트	웹페이지, 광고 배너, 메일, E-브로슈어 등	O
영상	영상물 자막, 영화 오프닝/엔딩 크레딧, UCC 등	O
포장지	판매용 상품의 패키지	O
임베딩	웹사이트 및 프로그램 서버 내 폰트 탑재, E-book 제작	O
BI/CI	회사명, 브랜드명, 상품명, 로고, 마크, 슬로건, 캐치프레이즈	O
OFL	폰트 파일의 수정/ 복제/ 배포 가능. 단, 폰트 파일의 유료 판매는 금지	X

※ 위 사용범위는 참고용으로, 정확한 사용범위는 이용 전 폰트 제작사에 확인바랍니다.
사용범위는 폰트 제작사의 규정에 따라 달라질 수 있습니다.
제작사명은 상단 폰트 이름 밑에 있습니다.

▶ 영상 저작권 ≡

유튜브 채널을 운영할 때 특히 공중파 방송사에서 만든 영상을 함부로 남용하면 안 됩니다. 예능, 영화, 다큐, 드라마, 스포츠 등의 영상은 어떤 방법으로 사용하더라도 원칙적으로는 저작권 침해의 소지가 있습니다. 따라서 짧은 시간이라도 사용하지 않는 것이 좋습니다.

공중파의 영상을 무단으로 사용하면 심한 경우 자신의 유튜브 채널이 영구적으로 삭제될 수도 있으니 특히 조심하셔야 합니다. 그렇다면 '영화 유튜버들 중 공중파 영상을 그대로 가져와서 쓰던데?'라고 의문을 갖는 분도 있을 것입니다. 이분들은 저작자와의 사전, 사후 협상을 통해 공정 이용의 인정을 받은 분들입니다. 또는 저작자 측에서 인지하고 있지만 제재를 하지 않는 경우도 있다고 합니다. 하지만 추후에라도 언제든지 제재가 가능하므로 가급적 사용하지 않는 편이 낫습니다.

그럼에도 방송사의 영상을 사용하고 싶다면 영화나 드라마는 공개된 예고편만 제한적으로 쓰되, 먼저 영화사 혹은 제작사의 공개 메일로 콘텐츠의 사용 목적 등을 명시해서 허락을 받는 걸 추천합니다. 정말로 영화나 드라마를 사용해야 할 상황이라면 가장 확실한 방법이라고 할 수 있습니다. 특히 영화 예고편이라면 제작사 측에서는 최대한 영화 예고편이 많이 퍼질수록 홍보 효과를 얻을 수 있어서 그런지 웬만하면 큰 제재를 하지 않는다고 합니다.

NOTE **퀄리티 높은 무료 영상 및 이미지 다운로드 사이트**

저작권 침해가 발생하지 않는 무료 영상 및 이미지 소스를 다운로드 사이트가 있습니다. 무료 영상 소스를 활용해서 자신이 다룰 영상 콘텐츠와 관련된 고화질의 비디오와 이미지를 언제든지 다운로드할 수 있습니다. 대표적인 사이트 3가지를 소개합니다.

▶ Pixabay 픽사 베이(https://pixabay.com/)
▶ Pexels 픽셀스(https://www.pexels.com/videos/)
▶ Coverr 커버(https://coverr.co/)

▶ 저작권 침해 신고 vs. 저작권 위반 경고　　　☰

무슨 차이가 있을까요?

유튜브를 하다 보면 나도 모르게 저작권 침해 신고를 받는 경우가 있습니다. 먼저 **저작권 침해 신고**는 원작자의 동의 없이 음악, 영상 등을 이용했다는 뜻입니다. 예를 들어, 유튜브에 다른 사람의 노래나 영상을 동의 없이 업로드하면 저작권 침해에 해당합니다. 유튜브에서 알려주는 '주의' 정도로 생각하면 됩니다.

저작권 침해 신고
이 동영상에 저작권 보호 자료가 포함된 것으로 확인되었습니다.
이에 따라 업로더가 동영상으로 수익을 창출할 수 없습니다.

세부정보 보기

▲ 저작권 침해 신고 알림

반면에 **저작권 위반 경고**는 원작자가 유튜브에 직접 신고를 했을 때 발생합니다. 저작권 위반 경고를 3회 받으면 계정 및 계정과 연결된 모든 채널이 해지 대상이 된다고 합니다. 유튜버 입장에서 가장 무서운 말이죠. 따라서 경고를 받았다면 저작권 위반 부분을 수정하거나 해당 콘텐츠를 제거해야 추가적인 경고나 문제를 피할 수 있습니다.

저작권 위반 경고

⚠ 저작권 위반 경고 1회
저작권 소유자가 귀하의 동영상에 자신의 저작권을 침해하는 자료가
포함되었다고 판단하여 동영상의 게시 중단을 요청했습니다.
결과:
• 동영상이 YouTube에서 삭제되었습니다.
• 채널이 경고를 받았습니다.
저작권 위반 경고를 3번 받으면 계정 및 계정과 연결된 모든 채널은 해
지 대상이 됩니다.
저작권 위반 경고에 대해 자세히 알아보기

▲ 저작권 위반 경고 알림

> **NOTE** **내 영상이 타인의 저작권을 침해하는지 확인하는 방법**
> 저작권이 걱정되어서 영상을 업로드조차 못하고 계신 분도 많습니다. 하지만 너무 걱정할 필요는 없습니다. 일단 영상을 업로드하면 유튜브에서 저작권 자료가 포함되어 있는지를 바로 파악해 줍니다. 따라서 우선 영상을 비공개로 올리면 안전하게 확인할 수 있습니다.

유튜브 채널을 운영할 때 악플이 달릴까봐 걱정하시는 분이 많습니다. 악플 걱정으로 유튜브를 시작조차 하지 못하는 분도 더러 있습니다. 하지만 너무 걱정하지 마세요. 악플이 달린다는 것은 어느 정도 채널이 성장했다는 증거입니다.

사실 악플보다 무서운 건 아무 댓글도 달리지 않는 상황입니다. 물론 채널이 꽤 커지기 전까지는 댓글이 거의 달리지 않습니다. 따라서 악플이라도 댓글이 있다는 건 그만큼 내 채널의 영향력이 있다는 증거로 받아들이고, 오히려 좋아하셔야 합니다. 설령 기분 나쁜 댓글이라도 유튜브 알고리즘을 생각해보면 나에게 도움을 주는 사람일 수 있습니다.

그리고 걱정할 만큼 악플이 많이 달리지는 않으니 너무 걱정하실 필요는 없습니다. 만약 내 영상에 대한 내용적인 불만을 토로하는 댓글이라면 영상을 제대로 처음부터 끝까지 시청하고 댓글을 달았다는 뜻입니다. 여러분이 마치 CS 고객센터라 생각하시고, 잘 받아들이고 개선하겠다고 응대를 하시면 됩니다. 그렇게 대처를 하다 보면 이런 분들이 나중에는 나의 찐 구독자가 되기도 합니다. 만약 외모 비하나 심한 욕설이 담긴 억지스러운 악플이라면 [숨김] 기능을 통해 댓글을 가리고 신고해도 됩니다.

유튜브 트렌드 살펴보기

유튜브 트렌드는 계속 변하고 있습니다.
트렌드를 빠르게 이해하고 실행하면 빠르게 성장할 수 있습니다.

01 | 숏폼 전성시대, 유튜브 쇼츠 100% 활용하기

▶ 짧은 동영상 전성시대 ☰

최근에는 1분 이하의 숏폼 콘텐츠가 대세입니다. 특히 숏폼 비디오 플랫폼인 **틱톡**(TikTok)이 가파르게 성장하자, 유튜브도 이러한 트렌드에 맞춰 틱톡과 인스타그램 릴스에 대항하여 2021년에 **유튜브 쇼츠**를 출시했습니다. 지난 2022년부터 본격적으로 유튜브에서 쇼츠 영상의 비중이 커지면서, 많은 유튜버들이 쇼츠 제작에 관심을 가지게 되었습니다. 게다가 쇼츠는 일반 영상에 비해 조회 수가 훨씬 더 많이 나오기 때문에 이를 적극적으로 활용하는 유튜버가 계속 늘어나고 있습니다.

쇼츠를 반드시 해야 하나요?

유튜브는 매일 새로운 영상이 쏟아져 나오는 포화 상태입니다. 그래서 초보 유튜버가 조회 수를 빠르게 늘리기는 쉽지 않습니다. 유튜브에서는 이미 구독자가 많은 채널의 영상을 더 많이 노출하기 때문입니다. 특히 3~4년 전에 비하면 지금은 탄탄한 전문성을 가진 방송사와 유명 연예인들이 유튜브 시장에 많이 뛰어들고 있습니다.

방송사 및 연예인의 유튜브 채널은 영상 기획 및 편집의 전문성뿐만 아니라 고퀄리티의 영상을 만들 수 있는 장비를 동원하여 양질의 영상을 꾸준히 업로드합니다. 그래서인지 유튜브 홈 화면에는 방송, 뉴스, 예능, 스포츠 등의 영상들이 상단에 노출되고 있습니다. 유튜브라는 기업의 입장에서는 당연히 사람들이 오래 시청할 수 있는 영상을 많이 노출해야 이익이 더 많이 남는 구조이기 때문에, 이런 채널이 조금 더 노출될 가능성이 큽니다. 따라서 이제 막 시작한 유튜브 채널이라면 홈 화면에 내 영상이 노출되기가 쉽지 않은 상황입니다.

하지만 유튜브 쇼츠는 이제 막 시작한 채널도 구독자가 많은 유튜브 채널과 비슷하게 노출되고 있습니다. 처음 업로드한 쇼츠 영상이 바로 1천 회 ~ 1만 회 이상의 조회 수를 기록하는 경우도 많습니다. 유튜브 쇼츠를 효율적으로 운영해서 한 달 만에 몇만의 구독자를 달성한 사례도 꽤 많습니다. 실제로 2023년부터 쇼츠를 운영한 채널 중에서 약 1개월 만에 몇만 명의 구독자를 달성한 사례도 꽤 있습니다. 또한 실버 버튼의 기준인 10만 구독자를 얼굴과 목소리를 노출하지 않고 단기간에 이룬 분도 많아지고 있습니다. 심지어 유튜브 쇼츠는 영상을 제작하는 데 걸리는 시간도 기존 영상보다 상대적으로 적게 필요합니다. 더 편하고 빠르게 볼 수 있는 숏폼이 트렌드가 되면서 짧은 콘텐츠의 인기는 더욱 가속화될 것으로 보입니다. 기존에 롱폼 위주로 운영해 오시던 분들도 지금은 쇼츠를 반드시 함께해야 지속적으로 성장할 수 있습니다. 2024년에도 쇼츠는 더욱 성장할 수밖에 없고, 유튜브에도 쇼츠를 더욱 노출할 것으로 예상됩니다. 이런 이유로 지금 유튜브를 처음 시작하신다면 기존의 롱폼영상보다는 쇼츠로 먼저 시작하시기를 추천합니다.

2023년 2월부터 유튜브 쇼츠도 유튜브의 일반 영상처럼 광고 수익 기능이 추가되었습니다. 개정된 유튜브 쇼츠는 이전에 있던 유튜브의 수익 시스템인 쇼츠 펀드에 비해서 평균 수익도 훨씬 높게 책정되고 있으며 조회 수에 따라 일별 수익을 확인할 수 있다는 장점이 있습니다. 단, 유튜브 쇼츠 광고 수익은 일반 영상의 광고 수익과 마찬가지로 최소 자격 요건을 충족해야 합니다.

일반 영상은 **구독자 수 1,000명**과 **공개 동영상의 유효 시청 4,000시간**을 달성해야 합니다. 그런데 유튜브 쇼츠를 운영한다면 공개 동영상의 유효 시청 시간인 4,000시간을 충족하지 않아도, **쇼츠 조회 수 1,000만 회**로 수익 창출이 가능해진 것입니다. 둘 중 하나만 충족해도 수익 창출 요건을 충족할 수 있습니다.

▲ 유튜브 광고 수익 자격 요건

이렇게 수익 창출 조건을 충족하면 YPP(유튜브 파트너 프로그램)에 가입할 수 있고 수익을 얻게 됩니다. 일반 영상은 광고 수익의 55%를, 유튜브 쇼츠는 45%를 유튜버가 갖게 됩니다. 유튜브에서 쇼츠 영상에 제공하는 45%

라는 조회 수 1개당 광고 수익은 인스타그램, 틱톡 등 타 숏폼 플랫폼과 비교하면 파격적인 수익 구조입니다. 이런 이유로 인해 2023년은 유튜브 쇼츠가 크게 성장하는 시기였습니다.

물론 광고 수익 자격 요건인 '구독자 1,000명 및 조회 수 지난 90일 간 1,000만 회'를 달성하기란 절대 쉽지 않습니다. 하지만 유튜브에서 쇼츠 영상을 밀어주고 있어 일반 영상보다 노출이 훨씬 잘되며, 조회 수가 한 번에 급격하게 성장하기 때문에 경우에 따라 조회 수 1,000만 회를 단기간에 달성하는 분도 많습니다. 특히 최근에는 숏폼 형태의 영상을 손쉽게 제작할 수 있는 갖가지 도구가 많기 때문에 빠르면 10분 만에 쇼츠 영상 하나를 만들어 낼 수 있습니다.

▶ 유튜브 쇼츠 운영 방안

쇼츠 전용 채널

유튜브 쇼츠를 내 채널에서 운영하는 방식은 크게 2가지로 **쇼츠 전용 채널** 또는 **기존 영상 홍보 및 브랜딩**입니다. 먼저 **쇼츠 전용 채널**은 조회 수, 구독자 증가에 따른 광고 수익을 목적으로 운영하는 채널입니다. 쇼츠 전용 채널은 조회 수가 잘 나올 만한 주제 선정이 가장 중요합니다. 주로 **이슈 및 자기계발, 유머, 연예, 스포츠** 등 많은 사람들이 관심 가질 만한 대중적인 주제로 하는 것이 좋습니다. 이러한 주제들은 진입 장벽이 낮고 빠르게 양산할 수 있습니다. 따라서 최대한 **많이** 그리고 **자주** 만드는 게 핵심입니다.

특히 이슈 중심의 채널에서 활용할 영상을 만들 때는 매번 영상을 직접 찾는 과정이 번거롭습니다. 그래서 저작권 침해 문제의 소지가 없는 영상과 이미지 소스를 찾는 것이 중요한 사항입니다. 가장 안전한 방법은 직접 촬영한 영상이나 저작권 프리 영상 및 이미지를 사용하는 것입니다. 많은 사람들이 좋아하는 주제인 드라마, 예능, 스포츠 등을 다루는 쇼츠 채널은 함부로 영상을 사용하다가 수익 제한이 걸리거나 심한 경우에는 채널이 삭제될 수도 있으니 유의하셔야 합니다.

쇼츠 콘텐츠에서 중요한 요소는 시청 지속 시간입니다. 가급적 내 영상을 최대한 오래 보게 만들어야 쇼츠 영상이 더 많이 노출됩니다. 하지만 1분 미만의 영상일지라도 초반에 조금만 지루하면 바로 다음 영상으로 넘기는 경우가 많습니다. 그렇기 때문에 특히 초반 2-3초에는 궁금증을 유발하는 영상이나 문구로 시작해야 끝까지 시청하게 될 가능성이 높아집니다.

기존 영상 홍보 및 브랜딩

자신이 이미 유튜브 채널을 운영하고 있다면 기존에 만들어 놓은 영상을 1분 미만의 쇼츠 형태로 편집하여 요약본을 만들 수 있습니다. 기존에 업로드한 긴 영상에서 중요한 내용만 간추리면 되므로 쇼츠 제작 시간이 많이 필요하지 않다는 장점이 있습니다. 이러한 쇼츠의 목적은 기존 영상과 채널을 홍보하며 브랜딩 하는 것입니다. 그래서 이미 채널을 운영하는 분들은 유튜브 쇼츠를 긴 원본 영상을 홍보하는 목적으로 활용하는 분들이 많습니다. 이전에는 쇼츠 영상 댓글창에 **고정 댓글** 기능을 활용해서 원본 링크를 첨부하는 방법을 사용했습니다. 그런데 2023년 8월 업데이트 후 고정 댓글에 링크를 첨부하는 방식은 더 이상 사용할 수 없게 되었습니다. 대신 **관련 동영상**이라는 기능이 생겨 바로 원본 영상을 클릭해서 시청할 수 있도록 변경되었습니다.

원본 영상 시청 유도하기

▲ 관련 동영상 기능 추가

TIP 숏폼 콘텐츠는 하나만 만들면 여러 방면으로 활용할 수 있습니다. 최근에는 네이버에서도 네이버 클립을 출시하여 숏폼 시장에 뛰어들었습니다. 네이버 클립은 아직 초기 시장인 만큼 빠르게 도전하기 좋은 곳이라 생각합니다. 숏폼 스타일의 영상을 1개 만들어서 유튜브 쇼츠, 인스타그램 릴스, 틱톡, 네이버 클립까지 총 4곳에 동일한 영상을 업로드할 수 있습니다. 어느 채널에서 알고리즘을 탈지 모르기 때문에 일단 모두 올려보는 것입니다.

▶ 유튜브 쇼츠 영상 제작 방법

유튜브 쇼츠 영상은 PC 혹은 스마트폰으로 업로드할 수 있습니다. 처음 쇼츠를 만든다면 우선 2가지만 기억하면 됩니다.

▶ 영상 길이는 60초 미만
▶ 세로 동영상 촬영(9:16 비율)

기존 영상을 홍보하는 목적이라면 **16:9 비율**이었던 원본 영상을 **9:16 비율**로 변경하고 위아래에 남는 검은색 구간에는 텍스트를 삽입합니다. 유튜브 쇼츠는 롱폼 영상(기존 영상)처럼 썸네일이 없습니다. 따라서 영상의 상단에 있는 문구가 썸네일의 역할을 합니다. 상단의 문구를 썸네일 카피라이팅을 하는 것처럼 최대한 많은 사람이 관심을 갖게 만들고 영상의 처음부터 끝까지 나올 수 있도록 합니다.

▲ 유튜브신쌤 채널의 쇼츠 영상

스마트폰으로 직접 촬영해서 업로드하는 법

스마트폰에서 촬영한 영상은 유튜브 앱에서 바로 업로드할 수 있습니다. 간단한 영상 편집 기능도 있으니 살펴보세요.

01 먼저 유튜브 앱을 열고 하단의 메뉴 중에서 중앙에 있는 [+] 버튼을 누릅니다. 앨범에서 업로드할 동영상을 고르고 길이를 편집하고 [다음]을 누릅니다.

클릭하기

02 하단 메뉴에서 **사운드**, **텍스트**, **음성 해설** 등을 편집하고 [다음]을 눌러서
동영상을 업로드할 수 있습니다.

02 | AI 기술을 활용하여 유튜브 쇼츠 쉽게 만들기

▶ 컴맹도 이해하는 ChatGPT ≡

최근 전 세계적으로 화제가 된 ChatGPT를 아시나요? ChatGPT만 잘 활용해도 유튜브 영상의 주제를 고르거나 대본을 아주 쉽게 만들 수 있습니다. 생소한 분을 위해 짧게 설명하자면 ChatGPT는 OpenAI가 개발한 대화형 인공지능 서비스로, 온라인 채팅을 하는 것처럼 질문을 입력하면 챗봇이 질문에 대답하는 기술입니다. 출시된 지 일주일도 지나지 않아서 전 세계 사용자가 무려 100만 명을 돌파할 정도로 이슈가 된 기술입니다.

ChatGPT의 특징은 마치 사람이 답변하는 것처럼 AI가 문맥을 이해해서 적절한 답변을 제공한다는 것인데요, 어떤 질문을 어떻게 하느냐에 따라 아주 구체적인 답변을 얻을 수도 있습니다. 그래서 유튜브 주제 찾기 및 대본 작성에도 큰 도움이 됩니다. 저 또한 ChatGPT로 영상의 주제를 선정하고 대본을 작성하는 시간을 절약하고 있습니다.

그럼 ChatGPT를 활용하여 영상 주제를 고르는 법을 알려드리겠습니다.

01 ChatGPT 사이트(https://chat.openai.com/auth/login)에 입장하고 [**Log in**]을 클릭합니다.

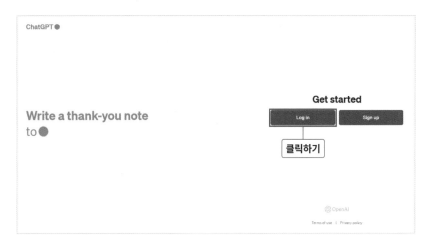

02 ChatGPT를 사용하려면 계정이 필요합니다. 이미 구글, 마이크로소프트, 애플 계정이 있다면 연동할 수 있습니다.

03 로그인을 하면 질문할 수 있는 창이 표시됩니다.

04 유튜브 채널은 주제 선정이 우선입니다. 예를 들어 자기계발 유튜브라고 가정하고, 어떤 주제가 좋을지 "자기계발 관련 유튜브 채널을 시작하려고 하는데 어떤 주제가 좋을지 5가지만 뽑아줘"라고 물어봅니다.

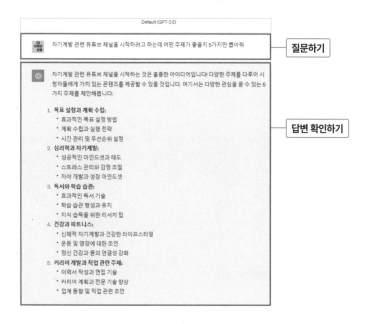

이처럼 ChatGPT는 인공지능이 마치 사람과 대화하듯 질문을 이해하고 답변합니다. 그렇기 때문에 구체적으로 질문할수록 더 도움되는 결과물을 얻을 수 있습니다. 또한 ChatGPT는 사람과 대화하는 것처럼 다른 질문을 이어서 계속할 수 있습니다.

ChatGPT로 영상 대본 만들기

만약 주제 선정 과정에서 ChatGPT가 제시한 주제 중 하나로 대본을 만들려면 어떻게 할까요? 앞선 질문에 이어서 ChatGPT에게 "스트레스 감소를 위한 5가지 방법에 대한 1분 영상을 만들어 유튜브에 업로드하려고 해. 사람들이 공감할 내용으로 1분짜리 대본을 만들어줘"라고 이어서 질문하면 됩니다.

 You
스트레스 감소를 위한 5가지 방법에 대한 1분 영상을 만들어 유튜브에 업로드 하려고 해. 사람들이 공감할 내용으로 1분짜리 대본을 만들어줘

그럼 다음 쪽의 예시처럼 답변을 얻을 수 있습니다. 이렇게 ChatGPT의 힘을 빌리면 혼자서 콘텐츠를 구상하고 만드는 것보다 훨씬 빠르게 기획을 할 수 있습니다. 물론 ChatGPT가 제시하는 답변이 언제나 100%의 정답이라고 할 수는 없으므로 참고용으로 사용하시기 바랍니다. 참고만 하더라도 채널을 기획하는 데 시간과 노력을 절감할 수 있습니다. ChatGPT를 잘 사용하기 위해서는 질문을 구체적으로 하는 방법을 연습하셔야 됩니다. 원하는 답변이 나오지 않는다면 꼬리에 꼬리를 물듯이 지속적인 질문을 통해 좀 더 마음에 드는 답변을 얻으실 수 있습니다.

"안녕하세요! 인생은 꽤 바쁠 수 있습니다. 그렇죠? 우리 모두 스트레스가 쌓이는 느낌을 알고 있습니다. 하지만 걱정하지 마세요. 제가 도와드리겠습니다. 오늘은 스트레스를 해소하는 5가지 간단한 방법을 공유하겠습니다.. 뛰어들어 봅시다!

첫 번째: 숨을 쉬십시오. 스트레스가 쌓이면 잠시 멈추고 심호흡을 해보세요. 긍정적인 것을 들이마시고 부정적인 것을 내쉬십시오. 몇 번의 의도적인 호흡이 기분에 어떤 영향을 미칠 수 있는지 정말 놀랍습니다!

두 번째: 마음챙김이 중요합니다. 현재 순간을 받아들이세요. 차 한 잔을 마시든, 산책을 즐기든, 그 자리에 온전히 있어주세요. 마음챙김은 마음을 위한 작은 휴가와 같습니다!

세 번째: 몸을 움직여 보세요! 운동은 체육관에서만 하는 것이 아닙니다. 춤을 추거나, 산책을 하거나, 스트레칭을 해보세요. 신체 활동은 기분 좋은 엔돌핀을 방출하여 스트레스를 사라지게 합니다.

네 번째: 사랑하는 사람들과 소통하세요. 함께 웃고, 이야기하고, 좋은 친구가 되어보세요. 사회적 연결은 강력한 스트레스 해소제입니다. 이 여정에서 당신은 혼자가 아니라는 것을 기억하십시오.

마지막으로 다섯 번째는 수면을 우선시하는 것입니다. 취침 시간 루틴을 만들고 화면을 끄고 몸에 충분한 휴식을 취하세요. 양질의 수면은 스트레스 회복력의 판도를 바꾸는 요소입니다.

▲ ChatGPT의 답변 예시

▶ VREW로 영상 편집 초보도 따라 하는 쇼츠 만들기 ☰

최근에는 새로운 영상 편집 프로그램들이 많이 출시되어서 훨씬 편리해지고 있습니다. 따라서 한 번도 영상 편집을 배워보지 않은 초보라도 어렵지 않게 시작할 수 있습니다. 이제 프리미어 프로 같은 전문 편집 프로그램을 사용하기 위해서 비싼 비용을 들이지 않아도 누구나 쉽게 편집을 할 수 있습니다. 여러 프로그램이 있지만 그중 초보자도 쉽게 사용할 수 있는 **브루**(Vrew)를 추천합니다. 무료로 사용할 수 있지만 상단에 로고가 표시됩니다. 매월 구독료를 내면서 유료 결제를 하면 로고 표시 없이 사용할 수 있습니다.

▲ VREW

VREW는 목소리가 들어간 영상이나 음성을 삽입하면 자막으로 바꿔주는 AI 도구입니다. 이제는 자막 작업뿐만 아니라 AI 영상 편집기로도 많은 기능이 추가되었습니다. 저는 VREW의 주요 기능 중에서 텍스트를 보면서 **컷 편집**을 하는 기능과 **무료 이미지**, **영상 소스**를 삽입하는 기능을 주로 사용하고 있습니다.

이외에도 **자막 텍스트**의 디자인을 변경하려면 상단의 **[서식]** 탭에서 폰트, 크기, 색상, 테두리 등을 바꿀 수 있습니다. 상단의 **[삽입]** 탭에서는 적절한 배경 음악이나 효과음을 추가할 수도 있습니다.

VREW의 AI 기술로 초보자도 1분 만에 영상 만들기

VREW의 기능 중 AI 목소리를 삽입할 수 있는 기능도 추가되어 얼굴이나 목소리를 공개하지 않아도 영상을 만들 수 있습니다. 그중에서 초보자도 바로 따라 할 수 있는 텍스트를 비디오로 만들어 보는 실습을 하겠습니다.

01 검색창에 '**VREW**'를 검색하고 사이트(https://vrew.voyagerx.com/ko/)에 접속합니다. [무료 다운로드]를 클릭해서 설치합니다.

02 프로그램이 설치되면 **회원 가입**을 하고 프로그램을 실행합니다.

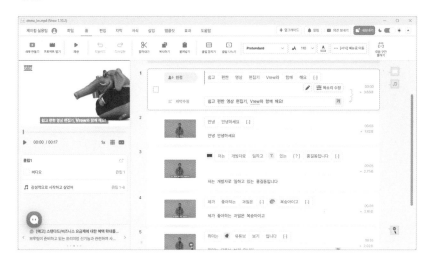

03 상단 메뉴바에서 [홈] → [새로 만들기] → [텍스트로 비디오 만들기]를 선택합니다.

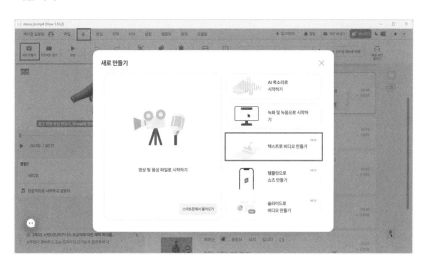

04 아래와 같이 팝업창이 표시되면 [예]를 클릭합니다.

05 팝업창에 표시되었던 FFmpeg 설치 및 업데이트가 완료되면 **텍스트로 비디오 만들기**가 실행됩니다. 먼저 화면 비율은 **쇼츠 9:16**으로 지정합니다.

06 **비디오 스타일 선택**에서 원하는 비디오 스타일을 선택합니다.

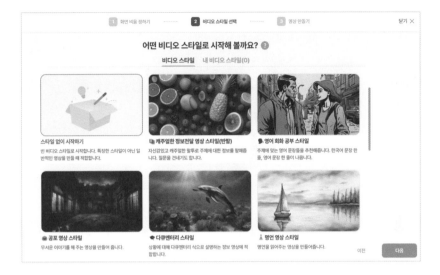

07 **주제**를 작성하고 [AI 글쓰기]를 클릭하면 자동으로 대본이 작성됩니다. 대본의 하단에 [이어쓰기]를 클릭하면 이어서 대본이 작성됩니다. 대본은 원하는 대로 수정할 수 있으며, 그대로 쓰지 말고 참고 정도로만 활용하시는 게 좋습니다.

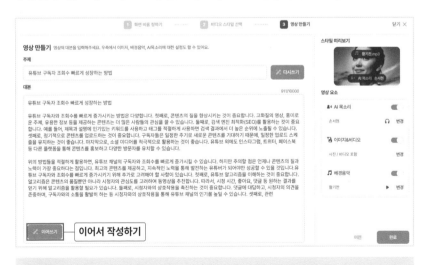

TIP 대본은 직접 쓰거나 ChatGPT를 활용해서 작성하는 편이 낫습니다.

08 **AI 목소리**는 다음과 같이 대본을 읽을 다양한 목소리를 선택할 수 있습니다. 목소리까지 선택했다면 영상을 생성합니다. AI 목소리도 발전해서 마치 실제 사람이 읽는 듯한 목소리를 연출하실 수 있습니다.

09 AI가 대본에 어울리도록 맞춤형 영상, 이미지를 선택해서 영상을 손쉽게 구성했습니다. 영상 편집이 끝났으면 상단에서 [내보내기]를 클릭하고 [영상 파일 (mp4)]를 선택합니다.

이렇게 브루를 사용하시면 초보자도 쉽고 빠르게 영상을 제작하실 수 있습니다. 간편하게 영상을 제작할 수 있다 보니 유튜브에 AI를 활용한 영상을 업로드하는 사람이 넘쳐나고 있습니다. 하지만 AI로 만든 영상은 만들기 쉽고 간편한 만큼 남들과의 차별화를 이끌어내기가 어렵습니다. 그렇기 때문에 이런 기술들을 참고하시되, 남들과 다른 나만의 방식으로 기획 및 제작하시는 것을 추천합니다.

▶ 쉽고 빠른 유료 AI 영상 제작 툴　　　　　☰

빠르게 발전하는 AI 기술을 잘 활용하시면 보다 쉽게 영상을 만들 수 있습니다. 유튜브 영상 제작 시 유용한 AI 기술 몇 가지를 소개합니다.

일레븐랩스

일레븐랩스(ElevenLabs)는 AI에게 나의 목소리를 학습시켜서 내 목소리와 거의 유사한 목소리를 만드는 툴입니다. 단 한 번만 내 목소리를 잘 학습시켜 놓으면 나중에는 직접 녹음을 하지 않아도 텍스트만 입력하면 내 목소리로 AI 보이스를 생성할 수 있습니다. 참고로 국내에서는 내 목소리를 학습하는 비슷한 툴인 KT의 **AI 보이스**가 있습니다.

비디오스튜

비디오스튜(VideoStew)는 내가 작성한 대본에 맞춰 AI 음성뿐만 아니라 관련 영상소스를 자동으로 삽입해주는 AI 서비스 입니다. 입력된 텍스트에 맞춰서 자동으로 관련 영상이 매칭되어 삽입됩니다. ChatGPT를 활용해 대본을 만들고 만들어진 대본을 삽입만 하면 촬영이나 녹음을 직접 하실 필요 없이 5분 만에 영상을 완성할 수 있습니다.

헤이젠

헤이젠(HeyGen)은 AI를 통해 내 목소리와 얼굴, 입모양까지 따라 하는 AI 아바타 영상을 만드는 툴입니다. 한 번만 학습시키면 내 모습과 유사한 아바타로 영상을 제작할 수 있으며 여러 나라의 언어를 직접 말하는 것처럼 만들 수도 있습니다.

Remove.bg

Remove.bg(https://www.remove.bg/ko)는 사진의 배경을 제거할 수 있는 사이트입니다. 포토샵 같은 전문적인 기술이 없어도 사진을 삽입하면 AI가 알아서 배경을 제거해 줍니다. 특히 인물 사진에서 배경을 제거하기 수월합니다.

간편하게 배경 삭제

Cleanup.pictures

Cleanup.pictures(https://cleanup.pictures/)는 사진에서 특정 부분만 제거할 수 있게 만드는 사이트입니다. 이미지에서 지우고 싶은 부분을 브러시로 드래그만 하면 바로 삭제가 됩니다. 마찬가지로 포토샵 같은 전문 프로그램 없이 아주 쉽게 이미지를 편집하실 수 있습니다.

지우고 싶은 부분

자연스럽게 삭제

DALL·E 2

DALL·E 2(https://openai.com/product/dall-e-2)는 ChatGPT를 출시한 OpenAI에서 출시한 이미지 생성형 인공지능 AI로 일반인들도 쉽게 수준 높은 이미지를 생성할 수 있습니다. 사이트 입장 후 검색창에 '대한민국 도시의 아침 석양'이라고 검색해 보겠습니다. 한글 인식이 되지 않기 때문에 **구글 번역기**나 **파파고**를 통해 영문으로 전환 후 검색하시면 됩니다.

검색하시고 잠시 기다리시면 AI가 직접 만들어 준 사진이 완성됩니다. 원하는 이미지에 대한 설명이 자세할수록 원하는 결과물을 만들어낼 수 있습니다. 비슷한 AI 이미지 생성 사이트로 **미드저니, 어도비 파이어플라이** 등이 있습니다.

▲ AI가 만든 사진들

이처럼 AI기술만 잘 활용하신다면 내가 원하는 영상을 좀 더 쉽고 빠르게 제작하실 수 있습니다. 이제 정말로 실행해야 합니다. 물론 시작하시면서 초반에는 생각만큼 조회 수가 나오지 않아 어려움이 많으실 겁니다. 하지만 한 번 시작했으면 적어도 10개는 올린다는 목표로 꾸준히 해보시기 바랍니다. 쉽진 않겠지만 분명히 좋은 성과가 있을 거라 생각합니다.

03 | 유튜브 쇼핑으로 수익 파이프라인 늘리기

▶ 유튜브에서 밀어주는 쇼핑 기능　　　　　☰

2023년부터 유튜브를 쇼핑몰과 연동하여 내 영상을 통해 바로 상품을 판매할 수 있는 쇼핑 기능이 추가되었습니다. 이전까지는 유튜브에서 내 상품을 판매하려면 영상의 설명 탭 또는 댓글에 스마트 스토어나 쿠팡 파트너스 등으로 연결되는 판매 링크를 연결해야 했습니다.

현재는 유튜브와 **카페 24**(https://www.cafe24.com)라는 전자상거래 플랫폼을 통해 내가 판매하고자 하는 상품을 유튜브에서 바로 판매할 수 있게 되었습니다. 즉 유튜버가 원하는 상품을 직접 유튜브에서 판매할 수 있으며, 유튜브 채널을 활용해서 수익화할 수 있는 파이프라인이 하나 더 생겼다는 뜻입니다.

카페24는 중간 판매를 거치지 않고 소비자에게 직접 판매할 수 있는 전자상거래 플랫폼입니다. 아직 스토어 운영이 낯선 분이라면 다소 생소하게 느껴질 수도 있지만 온라인 쇼핑몰을 운영하시는 분들은 많이 알고 있는 사이트입니다. 우리가 평소에 쉽게 접하는 네이버의 스마트 스토어와 비슷하다고 이해하시면 됩니다.

이미 여러 대형 유튜버들이 쇼핑몰 기능으로 내가 판매하고 싶은 상품을 소개하며 큰 판매 수익을 얻고 있습니다. 유튜브에서는 유튜브 쇼핑을 앞으로 더욱 적극적으로 지원할 것으로 예상되며, 쇼핑 기능을 잘 활용한다면 여러분이 운영하는 채널에서 비롯된 큰 부가 수익도 얻을 수도 있을 것입니다.

▲ 유튜브신쌤의 유튜브 쇼핑 예시

아무리 판매하기 좋은 콘텐츠와 상품이 있더라도, 유튜브를 이제 막 운영하며 자기 채널을 알리기 시작한 초보자가 쇼핑몰까지 개설하는 것은 생각처럼 쉽지 않습니다. 직접 온라인 쇼핑몰을 개설하기 위해서는 상품 소싱도 해야 되고, 카페 24를 활용한 쇼핑몰 세팅도 배워야 하기 때문입니다. 그럼 유튜브와 쇼핑몰 중 어디에 우선순위를 두어야 할까요? 유튜브 채널을 키우고 구독자와 신뢰를 쌓는 것이 우선입니다. 채널이 어느 정도 성장했을 때 쇼핑몰을 운영한다면 더 큰 효과를 만들어 낼 수 있을 것입니다.

카페 24와 연결하여 유튜브 쇼핑을 활용하면 내가 판매하고자 하는 상품을 노출시킬 수 있습니다. **유튜브 쇼핑**을 사용할 수 있는 기준 또한 완화되었습니다. 기존에는 구독자 1,000명과 시청 시간 4,000시간이 되어야 이 기능을 사용할 수 있었지만, 2023년 6월에 완화된 조건을 살펴보면 구독자 500명과 시청 시간 3,000시간(또는 유튜브 쇼츠 조회 수 300만 회)로 대폭 완화되었습니다.

▲ 유튜브 쇼핑 자격 요건

참고로, 이번에 완화된 조건에는 채널 멤버십, 슈퍼 챗(Super Chat), 슈퍼 땡스(Super Thanks) 등도 포함되지만 개인적으로는 유튜브에서 이번에 완화를 결정한 핵심이 바로 이 유튜브 쇼핑 활성화 때문이 아닐까 생각합니다. 앞으로는 물건 자체의 경쟁력보다 유튜버의 팬덤에 따라 상품 판매가 될 가능성이 훨씬 큽니다. 그렇기 때문에 유튜브 채널을 잘 키워 놓기만 한다면 이렇게 쇼핑몰 연동을 통해 판매 수익 또한 얻을 수 있게 됩니다. 슈퍼 챗, 슈퍼 땡스는 189쪽에서 자세한 내용을 확인하세요.

TIP 우리에게 익숙한 네이버의 쇼핑 LIVE는 초기에 시작하신 분들이 큰 수익을 냈습니다. 유튜브 쇼핑은 아직 시작 단계이며 네이버 쇼핑 이상의 파급력을 지닐 것이라 생각합니다. 지금부터 준비한다면 초기 시장에 안정적으로 진입할 수 있을 것입니다. 특히 판매할 상품이 있다면 카페 24를 통한 쇼핑몰 개설부터 상품을 등록하는 방법을 익혀 보세요. 유튜브만 잘 운영하신다면 홍보에 돈 한 푼 들이지 않고 원래보다 10배 이상의 효과를 낼 수 있다고 생각합니다. 좀 더 나아가서 실시간 라이브 형태의 쇼핑으로 바로 상품을 판매하는 시장이 활성화될 것으로 보입니다.

MEMO

구독자가 적어도 빠르게
수익화하는 판매 프로세스

유튜브 채널을 운영하는 목적은 결국 유튜브를 활용한 수익화입니다.
이번 챕터에서는 유튜브를 활용한 수익화에 대해 소개합니다.

01 | 유튜브로 월급 외 수익을 만드는 방법

▶ 광고 수익이 전부가 아니다 ☰

저는 다니던 회사를 퇴사 후 월급보다 훨씬 많은 수익을 창출하고 있습니다. 현재 수익은 모두 유튜브 채널 운영에서 파생된 수익입니다. 유튜브 채널을 잘 키우면서 수익화하는 방법에 대해 제대로 이해하신다면 분명 여러분도 월급 이상의 수익을 만들어 내실 수 있다고 생각합니다.

많은 분들이 유튜브 수익이라고 하면 유튜브 **광고 수익**만을 생각합니다. 한 번쯤 '유튜브 수익만으로 월 수천만 원 심지어 수억 원을 벌었다'는 이야기를 들어 보신 적이 있을 겁니다. 하지만 광고 수익으로 큰 돈을 버는 경우는 아주 극소수입니다. 대다수의 유튜버들은 광고 수익만으로는 회사를 퇴사할 만큼의 큰 수익을 벌기란 쉽지 않습니다.

유튜브 광고 수익만 믿고 퇴사한 분들 중에서 대부분은 콘텐츠 생산에 따르는 시간과 노력 투자 대비 최저 임금 수준의 돈도 벌지 못하는 것이 현실입니다. 저 또한 광고 수익만으로는 퇴사를 꿈도 꾸지 못했을 겁니다. 현재 저의 유튜브 수입 중에도 유튜브 애드센스 광고 수익은 10~20% 정도만 차지합니다. 하지만 광고 수익 외에도 유튜브로 돈을 벌 수 있는 방법은 많습니다.

이제부터 유튜브 채널을 활용해서 유튜브에서 수익 창출하는 방법들을 여러분이 잘 알고 있는 방법부터 조금 낯선 방법까지 하나씩 소개해 드리겠습니다.

▶ 애드센스 수익

유튜브를 시작하는 대다수는 이 애드센스 광고 수익을 기대하고 유튜브를 시작합니다. 광고 수익은 내 영상에 붙는 광고 시청에 따라 수익을 받는 구조입니다. 유튜브의 주요 수입원이 이 광고 수익이기도 합니다. 구글 애즈(Google Ads)에서 광고주들이 유튜브에 광고를 등록하면 유튜브에서는 구글 애드센스(Google AdSense)를 통해 유튜버의 영상에 광고를 게재하고 광고 수익의 일부를 지급합니다. 통상 광고 금액의 **55%**가 유튜버에게 지급되고 유튜브 회사에서 **45%**를 가져갑니다. 거의 절반 가까이 유튜브에서 수익을 가져가지만 그럼에도 채널의 트래픽이 막강하기 때문에 블로그, 인스타그램 등 다른 채널에 비해 수익이 많이 나오는 편입니다. 광고 수익은 유튜브 채널이 있다고 바로 받을 수 있는 것은 아니며, 최소 자격 요건이 있습니다.

자격요건

구독자 451명   1,000

그리고 다음 중 하나를 충족해야 함

공개 동영상의 시청 시간: 1,908시간   4,000
최근 365일

공개 Shorts 조회수 915회   1000만
지난 90일

2018년에 개정된 이 조건은 **구독자 1,000명**과 **시청 시간 12개월 내 4,000 시간**을 둘 다 충족해야 그때부터 수익 창출 요건이 발생합니다. 이 요건을 충족하면 유튜브 파트너스 프로그램(YPP)에 가입할 수 있게 되고, 가입한 계좌로 매월 22-25일 사이에 광고 수익이 입금됩니다. 앞서 설명했지만 시청 시간 4,000시간 대신 유튜브 쇼츠 조회 수가 90일 내 1,000만 회를 달성해도 요건이 달성됩니다. 단, 요건만 충족한다고 해서 바로 수익을 얻는 것은 아닙니다. 요건이 충족된 이후부터 수익이 계산되며 최소 100달러 이상의 이익이 발생해야 첫 수익이 지급됩니다.

▶ 초보 유튜버라면 궁금할 애드센스 질문들 ☰

유튜브를 시작하고 광고 수익을 받기까지 대략 얼마나 걸리나요?

채널에 따라 성장 속도에 따라 많이 다릅니다. 간혹 영상 1-3개로 바로 최소 자격 요건을 충족시키고 빠르게 광고 수익을 받는 분도 있습니다. 하지만 대부분은 주 1회 영상을 꾸준히 업로드한다고 가정했을 때 적어도 평균 3개월에서 6개월 이상의 시간이 필요합니다.

제가 운영하는 **유튜브 신쌤** 채널은 **주 1회**로 영상을 업로드한 지 **6개월** 만에 최소 요구 조건을 달성했고, 100달러를 초과하여 수익을 받는 데 1개월 이상이 걸렸습니다. 결론적으로는 유튜브 채널을 시작한 지 거의 8개월 만에 첫 수익을 받았습니다.

조회 수가 높으면 당연히 광고 수익도 많이 받나요?

유튜브에서 영상을 재생하면 초반에 광고가 나옵니다. 이 광고를 유튜브 사용자들이 많이 볼수록 광고 수익이 늘어납니다. 그래서 영상의 조회 수가 많으면 그만큼 광고도 많이 보게됩니다. 하지만 조회 수가 높다고 반드시 광고 수익이 무조건 높은 것은 아닙니다. 같은 조회 수를 기록했더라도 국가별, 타깃 연령별, 계절별, 광고의 단가별로 수익은 천차만별입니다.

따라서 '조회 수 1개당 광고 수익은 N원이다'처럼 정확한 공식은 없습니다. 평균적으로 약 1~10원까지 분포되어 있습니다. 그리고 조회 수만 늘리기 위해서 만든 질 낮은 영상에는 광고가 붙더라도 평균 단가가 훨씬 낮다고 합니다. 광고주의 입장에서 생각하면, 돈을 내고 광고를 하는데 질 낮은 영상에 광고를 붙이는 걸 원치 않기 때문입니다. 조회 수가 높다고 반드시 광고 수익이 많아지지는 않습니다.

광고 수익을 더 늘리는 방법은 없을까요?

유튜브 광고는 영상을 만든 사람이 원하는 광고를 직접 선택하는 것이 아니라, 유튜브 알고리즘이 자동으로 맞춤 광고를 진행하는 구조입니다. 자신이 원하는 대로 설정할 수 있는 것이 아니기 때문에 양질의 영상을 꾸준히 업로드하는 것이 중요합니다. 특히 이슈 중심 채널 수익은 매월 등락폭이 심한 편입니다. 그래서 고정적인 평균 수입을 확신할 수 없습니다.

조회 수 1개당 수익을 늘리려면 우선 **8분** 이상으로 영상을 만들어야 합니다. 8분 이상의 영상을 업로드하면 중간 광고를 내가 원하는 위치에 여러 개 삽입할 수 있습니다. 예를 들어 2개의 영상이 동일하게 조회 수가 각각 1이 나왔다고 가정하면, 중간 광고를 보면서까지 영상을 시청한 영상의 광고 수익이 훨씬 높게 나옵니다. 그래서 인기 유튜브 채널 중에서는 8분에 맞춰서 영상을 업로드하는 곳도 더러 있습니다. 하지만 중간 광고를 많이 넣으면 그만큼 영상을 끝까지 시청하지 않고 나가는 이탈률도 높아지기 때문에 광고를 많이 넣다가 오히려 역효과가 날 수도 있다는 것을 명심하셔야 됩니다.

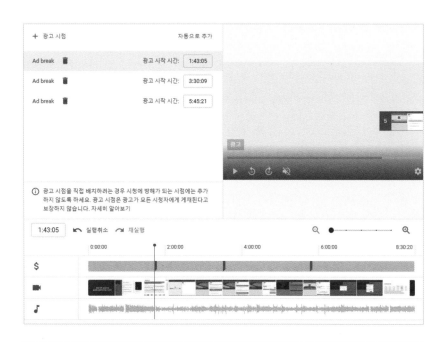

애드센스 수익은 조회 수에 따라 어떤 달에는 큰 수익을 벌 수도 있지만 그 다음 달에는 수익이 확연히 줄어들 수도 있습니다. 결론적으로 애드센스 광고 수익에 너무 집착하지 마시고, 하나의 파이프라인 정도로만 생각하시는 것이 좋습니다.

▶ 애드센스 외 유튜브 수익

슈퍼 챗, 슈퍼 스티커

유튜브의 **슈퍼 챗**, **슈퍼 스티커**는 유튜브 라이브 방송을 할 때 **아프리카TV**의 **별풍선**처럼 시청자들의 후원을 받는 기능입니다. 라이브 방송을 하시는 분들은 후원을 통해 꽤 많은 수익을 내는 분도 있습니다. **슈퍼 챗**은 실시간 채팅에서 현금을 후원하는 기능이며 금액은 직접 설정할 수 있습니다.

▲ 슈퍼 챗

슈퍼 챗 이외에도 **슈퍼 스티커**가 있으며, 스티커마다 가격이 다릅니다. 이렇게 슈퍼 챗과 슈퍼 스티커로 받은 후원 금액은 전부가 아니라 70%를 정산 받습니다.

▲ 슈퍼 스티커

슈퍼 땡스

2022년에 추가된 **슈퍼 땡스**는 영상 시청 후 시청자들이 자체적으로 후원금을 지급할 수 있는 기능입니다.

▲ 슈퍼 땡스

유료 멤버십 기능

유튜브 채널에는 **유료 멤버십** 기능이 있습니다. 이 기능은 주로 멤버십 가입자만 볼 수 있는 영상이나 각종 혜택을 줄 수 있도록 설정합니다. 유튜브 채널을 통해 팬덤을 형성한 유튜버라면 멤버십 가입자만을 위한 영상이나 다른 혜택을 제공하면서 수익을 크게 얻기도 합니다. 멤버십 기능은 구독자 500명 및 시청 3,000시간(또는 쇼츠 300만 회) 이상이라면 사용할 수 있습니다.

▲ 유튜브신쌤 채널의 멤버십

▶ 협찬 광고

협찬 광고란 기업이나 광고주가 자사 제품 홍보를 위해 유튜버에게 일정 비용을 지급하고 유튜버는 업체에서 원하는 내용으로 홍보 영상을 제작해서 업로드하고 비용을 받는 방식입니다. 협찬 광고는 회사의 제품, 콘텐츠를 직접적으로 홍보해주는 **브랜디드 광고**와 콘텐츠와 상관없이 제품을 영상 안에서 노출만 시키는 간접 광고인 **PPL**이 있습니다.

협찬을 진행하면 좋은 점

한 가지 명확한 주제로 채널을 꾸준히 운영하면 협찬 제의가 들어옵니다. 평균적으로 구독자 1천 ~ 1만 명이 모이면 협찬 문의가 들어오며, 채널 주제에 따라 구독자가 5백 명 미만인 채널도 협찬 제의가 온다고 합니다.

유튜브신쌤 채널의 경우, 구독자가 약 5천 정도 되었을 때 영상 편집 강좌를 영상 주제로 다루므로 영상 편집 프로그램에 대한 리뷰 협찬이 들어왔으며 지금도 가끔씩 진행하고 있습니다. 협찬을 꾸준히 받기 위해서는 일관된 콘텐츠로 채널을 운영해야 합니다. 그래야 광고주의 입장에서는 상품을 알리기에 최적화된 채널인지 판단할 수 있습니다.

내 채널의 정체성과 맞는 광고를 받아서 진행하게 된다면 협찬 수익도 받으면서 내 유튜브의 조회 수도 올릴 수 있는 일석이조의 기회가 됩니다. 저는 협찬으로 브루(Vrew)라는 영상 편집 프로그램을 소개하는 영상을 제작한 적이 있었는데, 브루의 최신 기능을 소개하며 구독자들의 관심이 많아져서 조회 수 또한 타 영상보다 더 많이 나와 채널 성장에도 도움이 되었습니다. 이렇게 내 채널의 주제와 잘 맞는 협찬 광고를 진행하게 되면 협찬으로 인한 수익과 조회 수 향상으로 인한 광고 수익까지 동시에 가져가실 수 있다는 장점이 있습니다.

협찬은 어떤 과정으로 진행되나요?

협찬을 받으려는 광고주가 나에게 연락할 수 있도록 설명란에 **연락처** 또는 **메일 주소**를 적어 놓으시기 바랍니다. 광고 업체에서는 내 영상의 주제와 구독자 등을 확인한 후 설명란에 적힌 연락처를 통해 문의하고 광고 금액 등을 논의하게 됩니다. 문의는 주로 메일을 통해 옵니다. 외국 업체에서 협찬 문의가 오는 경우도 꽤 많습니다. 요즘은 파파고 등 번역기의 기능이 우수하기 때문에 영어로 협찬 문의가 와도 크게 어렵지 않게 진행할 수 있습니다.

광고 금액은 어떻게 산정되나요?

협찬 금액에 대한 기준은 따로 없습니다. 유튜브 채널의 크기와 영향력에 따라 10만 원부터 많게는 수천만 원까지 광고주와 협의하여 비용을 산정합니다. 업체에 따라 협찬 광고 비용은 천차만별입니다. 그래서 대략적인 내 채널의 제휴 단가를 알고 있으면 해당 금액을 기준으로 좀 더 크게 금액을 제안해 보고 비용을 조율할 수 있습니다.

> **NOTE** 내 채널의 제휴 단가 짐작하는 법
>
> 녹스인플루언서(https://kr.noxinfluencer.com/)라는 사이트의 유튜브 예상 수입 탭에서 유튜브 채널마다 수익 및 제휴 단가 예측을 확인하실 수 있습니다. 이를 참고해서 업체와 조율할 수 있습니다. 물론 예측 단가는 정확하지 않으니 참고만 하시기 바랍니다.

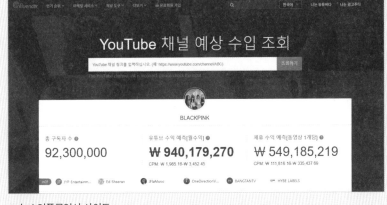

▲ 녹스인플루언서 사이트

이럴 때는 협찬을 받지 마세요!

채널이 성장하고 구독자가 늘어나면 어느 순간부터 협찬 문의를 자주 받게 됩니다. 가끔씩 내 유튜브 채널과 전혀 관련 없는 내용으로 협찬 제안이 올 때도 있습니다. 이러한 경우에는 협찬을 거절하는 편이 좋습니다. 협찬을 자주 하다 보면 채널의 구독자들도 수익만을 위해 유튜브 영상을 제작한다고 인식하게 될 것이고 결국 전반적인 콘텐츠에 대한 신뢰도가 떨어집니다. 실제로 협찬을 너무 많이 진행하다가 구독자가 이탈한 유튜브 채널도 종종 있습니다. 협찬 광고를 할 때는 협찬 광고비에 너무 연연하지 말고, 내 영상을 시청할 구독자들에게 정말로 필요한 제품인지 고민하면서 진행하시기 바랍니다.

NOTE **협찬은 유료 광고임을 밝힌다**

한때 유명한 유튜버들이 일명 '뒷광고'로 뜨거운 논란이 되었습니다. 대가를 받고 채널에 제품을 홍보하는 영상이라면 반드시 해당 영상이 유료 광고임을 밝히셔야 됩니다. 유튜브에는 영상 업로드할 때 유료 광고임을 표시하는 체크 박스가 있습니다. 협찬 광고를 진행한다면 반드시 체크합니다.

> 유료 프로모션
>
> 제3자로부터 어떤 형태로든 동영상을 만드는 대가를 받았다면 YouTube에 알려야 합니다. YouTube는 시청자에게 동영상에 유료 프로모션이 포함되어 있음을 알리는 메시지를 표시합니다.
>
> ☑ 동영상에 간접 광고, 스폰서십, 보증광고와 같은 유료 프로모션이 포함되어 있음
>
> 이 체크박스를 선택하면 유료 프로모션이 YouTube 광고 정책 및 관련 법규와 규정을 준수한다고 확인하는 것입니다. 자세히 알아보기

유튜브 마케팅을 활용한 판매 수익이 핵심

판매 수익은 유튜브의 자체적인 수익은 아니지만 유튜브를 통해 나를 알리고 나의 상품, 지식 등을 판매하는 방식입니다. 즉 유튜브를 마케팅 도구로 활용하는 것입니다. 또한 판매할 상품이 없더라도 나의 지식과 재능을 판매하는 **지식 판매**도 가능합니다.

유튜브로 돈을 버는 핵심은 바로 이 판매 수익에 있습니다. 유튜브를 상품 판매를 위한 마케팅 공간으로 활용하면 크게 수익화를 할 수도 있으며 나만의 사업으로 확장도 가능합니다. 사업을 하거나 전문직 및 자영업자라면 유튜브를 통해서 내가 가지고 있는 유/무형의 상품을 판매할 수 있습니다. 만약 직접 판매할 상품이 없더라도 스마트 스토어, 제휴 마케팅 등의 형태로 상품을 판매하고 수수료를 얻어가는 방식도 있습니다. 많은 방법 중에서 제가 추천하는 판매 방식 몇 가지를 소개합니다.

지식 상품 판매(강의 및 컨설팅)

지식 상품 판매는 나의 노하우를 강의, 컨설팅 형태로 판매하는 방식입니다. 유튜브신쌤 채널도 '유튜브를 운영하는 노하우'를 바탕으로 지금까지 강의 및 컨설팅을 진행하고 있습니다. 지식 판매를 잘하기 위해서는 사람을 모으는 힘, 즉 **마케팅**이 필수입니다.

마케팅이라고 하면 '나는 마케팅을 한 번도 배워본 적이 없는데?'라고 걱정할 수도 있습니다. 마케팅은 사람들에게 나 또는 나의 브랜드를 알리는 것입니다. 유튜브 채널을 운영하는 것만큼 마케팅에 효과적인 것은 없다고 생각합니다.

저는 유튜브 채널 덕분에 강연 의뢰도 꾸준히 받고 있으며, 구독자를 위한 유튜브 강의도 온라인으로 개설하고 있습니다.

특히 **지식 판매**는 코로나 이후에 온라인 중심 문화가 확산되면서 더욱 활성화되고 있습니다. 유튜브에서 고객을 모집하고, 고객을 직접 만나지 않고도 온라인을 통해 판매할 수 있는 수익화 방법입니다. 지식 판매에 대한 설명은 201쪽에서 더 자세하게 설명합니다.

전자책 판매

유튜브를 통해 한 가지 분야에 대해 영상 콘텐츠를 어느 정도 쌓으셨다면 그 내용을 바탕으로 전자책을 만들어 볼 수 있습니다. 요즘은 제작 비용이 필요하고 과정이 복잡한 종이책 대신에 나만의 노하우를 PDF로 만들어서 판매하는 전자책 시장이 활성화되고 있습니다. 남들이 궁금해할 만한 노하우를 잘 정리해서 판매하면 약 10만 원에서 100만 원 그 이상을 벌 수 있습니다. 전자책 수익만으로도 만족스러운 수익을 벌었다는 사람들도 있습니다. 전자책은 한 번만 만들어 놓으면 별다른 노력 없이도 계속 판매할 수 있기 때문에 가장 효과적인 부수익 창출 방법이라고 생각합니다.

▲ 크몽

전자책을 만드는 방법은 생각보다 어렵지 않습니다. 워드 혹은 파워포인트로 내가 가진 노하우를 30~100쪽 정도로 정리해서 작성합니다. 그리고 PDF 파일로 변환해서 **크몽** 또는 **탈잉** 등의 사이트에 등록 후 판매하면 됩니다. 종이책처럼 배송비나 인쇄비 같은 추가 비용이 들지 않고 메일로 파일을 전송하므로 상당히 편리합니다. 하지만 전자책을 만들어서 판매 사이트에 업로드한다고 해서 상품이 무조건 팔리는 것은 아닙니다. 그래서 유튜브 채널이 필요합니다. 유튜브 채널을 통해 전자책 판매 링크를 홍보하면 더 효과적으로 판매하실 수 있습니다.

VOD 동영상 판매

유튜브 영상에서 다루지 않은 핵심 내용을 정리해 유료 VOD 영상을 제작해서 판매해 볼 수 있습니다. 개인 사이트가 없어도 VOD 동영상만 있다면 클래스101, 클래스유 같은 사이트에서 판매해 볼 수 있습니다.

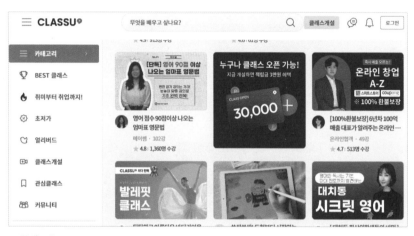

▲ 클래스유

저 또한 클래스유에 그동안 촬영해 놓은 VOD 영상을 업로드하여 추가적인 수익을 얻고 있습니다. 온라인 동영상 클래스는 한 번만 촬영해 놓으면 지속적으로 수익을 창출할 수 있기 때문에 효과적인 방법입니다.

▲ 유튜브신쌤의 클래스유 온라인 강의

쿠팡 파트너스 제휴 마케팅

제휴 마케팅은 자신의 채널을 통해 제휴 상품을 판매하고 판매금의 일정 금액을 수수료로 받는 구조입니다. 따라서 내가 판매할 상품이 없어도 수익화를 할 수 있다는 장점이 있습니다. 여러 제휴 마케팅 방법이 있지만 활용하기 편리해서 많은 사람들이 활용하고 있는 쿠팡 파트너스를 소개합니다.

먼저 쿠팡 파트너스는 **쿠팡 아이디**로 회원 가입을 할 수 있습니다. 쿠팡에서 판매하는 상품 중에서 마음에 드는 것을 선택하고 판매 페이지로 이어지는 링크를 생성해서 유튜브나 블로그 등에 남깁니다. 이 링크를 통해 누군가가 쿠팡에 들어와서 물건을 구매하면 상품 금액의 3%를 수익금으로 받을 수 있습니다.

링크를 통해서 쿠팡 사이트에 들어오면 그 사용자가 즉시 물건을 구입하지 않아도, 24시간 내에 구입을 한다면 수익이 발생합니다. 또한 내가 올린 상품 이외에 다른 상품을 구매하더라도 수익을 받을 수 있다는 장점이 있습니다.

유튜브를 활용한 쿠팡 파트너스 홍보

쿠팡 파트너스 링크를 유튜브에서 홍보하려면 유튜브 설명 글, 댓글에 쿠팡 링크를 추가해서 홍보하면 됩니다. 그래서 아래와 같이 영상 업로드 시 설명 탭 하단에 쿠팡 파트너스 링크를 걸어놓는 것도 소소한 수익을 추가로 얻으실 수 있는 하나의 방법입니다. 예를 들어서, 약 100만 원 정도의 고가 상품을 판매한다면 수수료가 3%라고 가정했을 때 약 3만 원의 수익이 발생하는 것입니다. 자신의 영상에 링크만 걸어 놓으면 별도의 홍보 및 다른 활동 없이도 수익이 정산되기 때문에 자동 수익화를 할 수 있는 좋은 부업입니다.

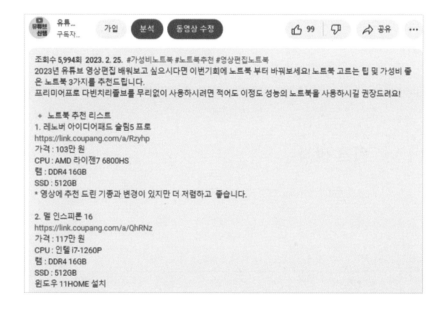

02 | 유튜브를 활용한 지식 판매 노하우

▶ 누구나 지식 판매로 고수익이 가능하다 ≡

비즈니스 유튜버의 유튜브 운영 목적은 고객을 모으는 것입니다. 유튜브 채널만 잘 키우면 비싼 돈을 들여가며 마케팅할 필요없이 24시간 나와 내 상품을 홍보할 수 있습니다. 온라인은 나의 지식과 다양한 노하우를 판매하기 탁월한 공간입니다. 지식과 노하우를 소개하는 유튜브 채널을 운영하면 구독자가 생기면서 관련 주제에 대한 내용들이 쌓입니다.

영상의 댓글로 사람들이 콘텐츠에 대한 질문을 하기 시작한다면 이제 강의, 컨설팅, 챌린지 등으로 나의 노하우를 판매해 볼 수 있다는 신호입니다. 물론 강의는 본인이 직접 강의 구성을 준비하고 홍보를 해야 하기 때문에 많은 시간, 노력이 따릅니다. 하지만 처음에 준비만 잘하면 강의 및 컨설팅으로 충분히 고수익을 낼 수도 있습니다. 강의는 유튜브 구독자가 많지 않은 초기에도 진행할 수 있습니다. 실제 저의 수강생 중에서는 구독자가 약 500명이지만 고객을 모집하여 성공적으로 수익화를 한 사례도 있습니다. 따라서 내가 남들에게 가르쳐 줄 만한 지식이 있다면 유튜브를 통해 나의 지식을 판매할 수 있습니다.

전문가가 아닌데 강의를 해도 되나요?

강의를 해도 될지 망설이는 분들은 대부분 '나는 남들에게 무언가를 가르칠 정도의 전문가가 아니야'라고 걱정합니다. 반드시 자격증이 있거나 해당 분야를 전공한 전문가만 강의를 할 수 있을까요? 실제로 강의를 진행하면 수강생의 대부분은 심화 과정을 더 깊게 배우려고 하기보다는 기초를 배우기 위해 오신 분이 훨씬 많습니다. 그렇기 때문에 스스로를 전문가가 아니라고 생각하더라도, 다른 사람들보다 조금 더 아는 수준이라면 충분히 강의를 할 수 있습니다. 오히려 그 분야에서 오래 일했던 전문가보다 이제 막 시행착오를 겪고서 초보를 벗어난 경험자의 강의가 수강생에게 더 효과적인 경우도 많습니다.

예를 들어보겠습니다. 자취생이 요리를 배우고 싶다고 합시다. 이런 상황이라면 요리를 전공한 호텔 셰프에게 큰 돈 들여서 요리 기술을 배울 필요가 없습니다. 자취생이 원하는 건 집에서 쉽고 간단하게 해먹을 수 있는 요리입니다. 그래서 이런 분에게는 자취를 몇 년 해 본 사람이 알려주는 집밥 요리 클래스가 맞춤형 판매가 되겠죠. 유튜브는 이처럼 '나'라는 사람을 홍보할 수 있는 효과적인 온라인 공간입니다. 유튜브 영상을 통해 나를 알리고 영상을 구독하는 고객이 쌓이면 강의 요청이 들어올 수도 있고, 그들을 대상으로 강의를 개설할 수도 있습니다. 이제는 초보자가 왕초보를 가르치는 시대입니다. 내가 생각했을 때는 당연하거나 너무 쉬워 보이는 작은 노하우가 누군가에게는 정말 필요한 지식이 될 수 있습니다.

실제로 최근에는 유튜브에서 자신의 노하우를 강의, 전자책 등의 형태로 판매하는 분들이 점점 늘어나고 있습니다. 저 또한 처음부터 유튜브와 영상 편집의 전문가가 아니었지만 오히려 지금까지 영상 편집의 전문가들보다 더 많은 강의 요청을 받고 있습니다. 그 이유는 제가 유튜브에서 전문적인 편집 기능보다 초보자의 입장에서 필요한 핵심 기능만 알기 쉽게 설명해 주고 있기 때문입니다.

여러 번 강조해도 모자라지만, 유튜브 구독자가 적더라도 내가 다른 사람들보다 조금 더 많이 알고 있고, 그 주제가 남들이 관심이 있는 내용이라면 누구든지 강의를 개설할 수 있는 시대입니다. 중요한 건 일단 시작하는 것입니다. 온라인으로 강의를 개설할 때는 학력과 경력보다는 나의 타깃 고객에게 필요한 맞춤형 교육인지가 훨씬 중요합니다. 한 번 더 예를 들어보겠습니다. 제가 진행하는 콘텐츠인 '유튜브 교육'만으로도 타깃 고객이 누구냐에 따라 다양한 강의를 할 수 있습니다.

▶ 50~60대를 위한 왕초보 영상 제작 클래스
▶ 30~40 주부를 위한 유튜브 챌린지
▶ 부동산 중개인을 위한 유튜브 특강

이렇게 여러분의 전문성을 살려서 특정 고객을 위한 교육을 준비한다면 차별화된 강의 구성으로 고객을 모집할 수 있습니다. 중요한 것은 내가 당장 얼마만큼의 전문성을 갖고 있느냐보다 나를 어떻게 브랜딩 하느냐입니다. 나를 알릴 수 있는 한 가지 주제로 유튜브를 꾸준히 하는 것이 나를 브랜딩 하는 가장 좋은 방법입니다.

Q. 강의는 주로 어떤 형태로 진행하시나요?

강의는 오프라인 교육, 줌(Zoom) 온라인 교육, VOD 영상 교육으로 나눕니다. 개인적으로는 오프라인 교육을 가장 선호하지만 유튜브를 활용해 강의를 모집하게 되면 전국적으로 고객이 모집하기에는 거리상 참여가 어려우신 분도 많습니다. 이러한 분들을 위해서는 줌으로 온라인 라이브 교육을 하는 것도 좋은 방법입니다. 화상 회의 플랫폼을 활용한 온라인 교육은 번거롭게 강의 장소를 물색하고 대관하는 비용이 필요하지 않습니다. 게다가 이동 시간을 줄여주기 때문에 효율적입니다. 코로나19 상황 이후에는 온라인 강의에 대한 거부감이 많이 줄고 오히려 더 선호하시는 분도 많아졌습니다. 따라서 줌 사용법만 익히면 누구나 쉽고 간편하게 시작할 수 있습니다.

Q. 유튜브로 충분히 배울 수 있는데 강의를 들을까요?

유튜브에도 좋은 내용의 영상이 많이 있습니다. 하지만 유튜브에서는 자신이 필요한 영상을 체계적으로 보면서 공부하기 쉽지 않습니다. 그래서 돈을 내고서라도 정말로 필요한 내용만 정리된 강의를 듣고 싶어하는 사람들이 있습니다. 즉 시간 낭비를 줄이기 위해서라도 사람들이 강의를 신청하는 경우도 많습니다.

Q. 유튜브에 올렸던 영상의 내용으로 강의를 만들어도 괜찮을까요?

강의를 만드는 가장 좋은 방법은 유튜브에서 내가 하는 주제와 관련된 강의를 만드는 것입니다. 그렇다면 '유튜브에 있는 내용으로 강의를 하면 사람들이 강의를 들을까?'라고 생각할 수도 있습니다. 하지만 내 채널의 구독자라고 해서 내가 그동안 올렸던 모든 영상을 다 시청하는 분은 생각만큼 많지 않습니다. 그리고 유튜브에 있는 내용을 다시 한번 정리하여 핵심 내용 위주로 강의를 만든다면 내 영상을 시청하는 열혈 구독자 분들이 오히려 강의를 구매합니다. 강의는 그동안 올렸던 유튜브 영상을 더 이해하기 쉽게 정리해서 핵심만 보여줄 수 있기 때문입니다.

▶ 고객을 지속적으로 모집하고 관리하는 법 ☰

블로그, 인스타그램 활용

유튜브를 운영하시는 분들은 블로그, 인스타그램 등 다른 SNS를 함께 하면 더욱 효과가 있습니다. 이를 **원소스 멀티 유즈**(One-Source & Multi-Use) 방식이라고 부르며 하나의 콘텐츠를 여러 플랫폼에 활용하는 마케팅 전략입니다. 여러분이 유튜브에 업로드한 콘텐츠의 대본을 정리해서 블로그에 업로드하고, 카드뉴스 형태로 인스타그램에 업로드할 수 있습니다. 쇼츠 영상을 제작했다면 인스타그램 릴스, 틱톡 등 다른 숏폼 플랫폼에도 함께 올립니다. 이렇게 운영하면 콘텐츠 제작 시간은 줄어들고 브랜딩 홍보 효과는 훨씬 높아집니다. 여러 플랫폼에 콘텐츠를 쌓게 되면 추후 고객 모집에서도 유튜브 채널만 운영하는 것보다 훨씬 더 많이 모을 수 있게 됩니다.

커뮤니티 탭을 통한 홍보

유튜브 채널을 보면 **커뮤니티** 탭에서 고객과 소통할 수 있습니다. 이전에는 구독자 500명 이상이 되어야 커뮤니티 탭이 생겼지만 지금은 채널 개설만 해도 바로 커뮤니티 탭을 사용할 수 있습니다.

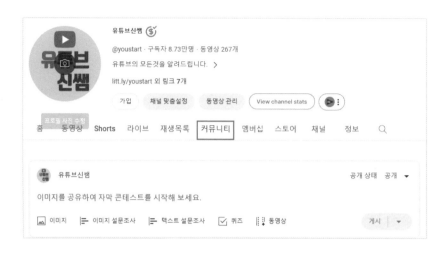

커뮤니티 탭은 구독자뿐만 아니라 구독자가 아니더라도 사람들에게 커뮤니티 글이 보여집니다. 그리고 링크를 넣을 수 있기 때문에 상품 판매, 강의 홍보 링크를 남겨서 홍보하기 좋습니다.

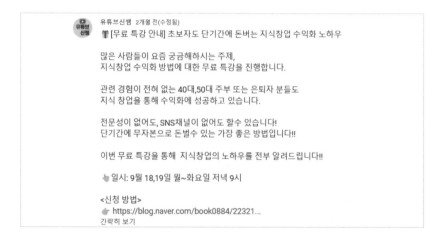

유튜브신쌤 채널은 주로 저의 블로그에 강의 모집 상세 공고를 올리고, 유튜브 커뮤니티 탭에 **블로그 링크**를 등록하는 방식으로 홍보하고 있습니다. 하지만 처음부터 강의를 유료로 판매하면 신청자가 없거나 적을 가능성이 큽

니다. 아직 콘텐츠에 대한 신뢰가 부족하기 때문입니다. 처음에는 무료로 강의를 하면서 그 사람들이 추후 유료 강의를 구매해도 괜찮다고 느낄 수 있게끔 신뢰를 쌓는 과정이 필요합니다.

온라인으로 실시간 강의하기

온라인 교육으로 전국 수강생을 대상으로 한 교육도 가능합니다. 제가 추천하는 강의 방법은 앞에서 소개했듯이 줌(Zoom) 등을 활용한 화상 회의 실시간 강의입니다. 오프라인 교육은 시간, 장소 등의 제안으로 인해서 물리적인 한계가 있습니다. 그렇기 때문에 온라인 모임이 활성화된 코로나 이후에도 많은 분들이 온라인으로 강의를 진행하고 있습니다. 화상 회의로 강의를하면 대관료 등 추가 비용이 들지 않기 때문에 수익 창출과 시간 절약 면에서 좀 더 효율적입니다. 고객 입장에서도 시간상, 거리상 제약이 많은 오프라인보다 집에서 편하게 듣는 것을 선호하는 분이 많습니다.

제가 진행했던 온라인 유튜브 교육에서는 전국 곳곳에서 참여하셨을 뿐만아니라 미국, 독일 등에 거주하는 교포 분들도 참여하셨습니다. 줌은 한 달사용로가 약 2만 원대로 기타 일부 비용 외에는 강의를 준비하는 데 거의비용이 들지 않습니다. 따라서 매출이 곧 순매출로 이어집니다.

> **NOTE** **강의가 부담스러우면 챌린지&모임으로 시작하세요**
> 요즘은 직접 사람들을 가르치는 강의 외에도 관심사가 비슷한 사람들끼리 온라인 공간에 모여 함께 활동하는 챌린지, 모임 형태로 진행하는 분이 많습니다. 특히 최근 유튜브 채널에서 미라클 모닝 챌린지, 글쓰기 챌린지 등을 판매하는 분이 늘어나고 있습니다. 이러한 온라인 모임은 방법은 알지만 혼자서 꾸준히 하기 어렵기 때문에 서로 독려하며 함께 목표를 이루는 커뮤니티입니다. 챌린지를 운영하면서 월 1,000만 원 이상의 수익을 얻는 유튜버도 있다고 합니다.

03 | 비즈니스 유튜브 프로세스

▶ 유튜브를 활용해서 사업 확장하기 ≡

앞서 말씀드린 것처럼 우리가 유튜브를 하는 궁극적인 이유는 수익화입니다. 그럼 유튜브를 운영하면서 구체적으로 어떻게 수익화로 연결시킬 수 있을까요? 마지막으로 다시 정리해 보겠습니다.

- ▶ **1단계(브랜딩)** : 나를 알린다.
- ▶ **2단계(핵심 고객 DB)** : 나의 상품을 판매할 고객을 모은다.
- ▶ **3단계(수익화)** : 나의 상품을 판매한다

비즈니스 유튜브의 핵심은 **잠재 고객** 모집입니다. 하지만 고객 모집을 위해 너무 홍보만 하는 채널을 운영하면 안 됩니다. 기업에서 제작한 퀄리티가 높은 영상이 올라오는 채널이 성장하지 않는 이유도 여기에 있습니다. 유튜브 영상을 만들 때는 고객의 입장에서 고객의 고민, 불편함을 해소하는 정보를 지속적으로 업로드해야 합니다. 그리고 그에 대한 문제 해결 방법을 영상 하단의 설명 글과 댓글에 연락처, 링크를 남기며 자연스럽게 홍보해야 합니다.

비즈니스 유튜브의 목적은 브랜딩

유튜브로 '나'라는 브랜드를 알립니다. 한 분야에 대해 영상을 지속적으로

업로드하면 알고리즘 노출이 증가하고 시청자가 늘게 됩니다. 내가 지속적으로 양질의 정보를 업로드한다면 사람들은 내 채널을 구독하게 됩니다. 그렇게 채널이 성장하면서 나를 좀 더 많은 사람들에게 알릴 수 있게 되고 사람들의 신뢰를 얻게 됩니다.

핵심 고객 모으는 법

유튜브 채널의 구독자가 100% 잠재 고객이라고 할 수는 없습니다. 여기서 한발 더 나아가서 내 채널의 영상의 구독자 중에서 단순 시청만 하는 사람이 아닌 조금 더 배움에 관심을 보이는 사람을 파악해야 합니다. 즉 구독자가 많다고 돈을 무조건 많이 버는 것은 절대 아닙니다. 구독자보다 잠재 고객의 데이터베이스(DataBase)가 많은 사람이 오히려 효과적으로 수익을 창출할 수 있습니다.

잠재 고객의 데이터베이스는 어떻게 구축하나요?

잠재 고객 데이터베이스란 나에게 관심 있는 고객을 모은 자료입니다. 잠재 고객의 데이터베이스를 어떻게 모을 수 있을까요? 주로 무료 상품을 제공하는 것으로 시작합니다. 단, 최소한의 개인 정보를 제공하는 분에게 상품을 드리는 것입니다. 그렇게 정보를 제공하고 상품을 받은 분은 예비 고객이 됩니다.

무료 상품에는 여러 가지가 있지만 가장 편한 방법으로는 **PDF 전자책**을 추천합니다. 한 번만 제작해 놓으면 추가 비용도 들지 않고 재고 고민을 하지 않아도 되므로 가장 많이 사용하는 방법입니다. 전자책을 제공하면서 동의하에 전자책을 받을 **메일 주소** 또는 **연락처**를 수집합니다. 그 후에는 잠재 고객이 원하는 상품이 무엇인지 더 자세히 물어보며 자유롭게 논의할 수 있도록 **오픈 채팅방**을 열어서 적극적인 참여를 유도합니다.

무료 상품 홍보 방법

무료 상품을 사람들이 최대한 많이 가져가야 잠재 고객도 늘어납니다. 그래서 최대한 많은 사람이 신청할 수 있도록 홍보를 해야 하는데요, 유튜브에서는 영상 아래의 **설명 탭**, **고정 댓글**, **커뮤니티 탭** 등으로 홍보할 수 있습니다. 또한 앞에서 설명한 것처럼 블로그나 인스타그램 등 운영하고 있는 다른 SNS 채널 및 페이스북 유료 광고 등 나의 잠재 고객이 있을 만한 커뮤니티(카페) 등 여러 플랫폼과 도구를 활용해 무료 상품을 배포하고 있다는 사실을 최대한 많이 알려야 합니다.

NOTE 데이터베이스 관리는 구글폼을 활용한다

고객 데이터베이스를 관리하는 방법은 다양합니다. 그중에서도 무료이면서 가장 사용하기 쉬운 방법으로 구글폼을 활용하는 방법입니다. 구글 계정만 있으면 바로 사용할 수 있으며 이렇게 간편하게 활용할 수 있습니다. 아래의 이미지처럼 전자책을 신청하는 사람들에게 이름, 이메일, 연락처, 질문 사항 등을 받으시면 됩니다. 특히 개인 정보는 제공자의 동의 없이 함부로 활용하면 안 되기 때문에 개인 정보 활용에 대한 동의 여부를 묻는 조항도 추가합니다.

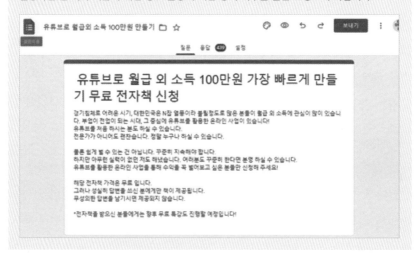

▶ 상품 론칭을 위한 프로세스 ≡

전자책 등 무료 상품을 제공했다고 해서 내가 판매할 상품을 고객이 바로 구매하는 비율이 기대만큼 많지 않을 수도 있습니다. 그래서 내 콘텐츠와 상품에 대한 고객의 확실한 신뢰를 얻기 위해서는 양질의 정보를 주거나, 무료 강의를 추가로 진행하면서 신뢰를 더욱 쌓아야 합니다. 신뢰를 지속적으로 쌓은 후에 상품을 판매해야 판매율이 올라갈 수 있습니다.

비즈니스 유튜버의 상품 판매 과정	
1단계	유튜브로 구독자를 모으며 브랜딩하기(광고처럼 무작정 상품을 판매하지 말 것)
2단계	구독자가 쌓이면 무료 전자책, 무료 특강 등을 홍보하기(상품 상세 소개는 블로그나 카페 활용)
3단계	구글 폼을 활용해 고객 리스트(연락처, 메일)를 구축하기
4단계	오픈 채팅, 카페 등으로 커뮤니티 구축하기
5단계	커뮤니티를 통해 무료 강의 진행하기(미참석자는 녹화본 제공)
6단계	강의 마지막에 유료 판매 상품 소개하기

▶ 초보 유튜버를 위한 조언 ≡

온라인 비즈니스는 기하급수적으로 성장하는 구조를 가지고 있습니다. 한 번 성장하기 시작하면 폭발적으로 성장합니다. 하지만 이 말은 그만큼 처음이 어렵다는 말이기도 합니다. 유튜브에서는 구독자를 1,000명까지 만드는 과정이 가장 어려운 구간이라 생각합니다. 아무것도 없는 채널에서 어느 정도의 성과를 내는 게 가장 힘듭니다. 처음에는 노력 대비 성과가 없기 때문에 포기하고 싶은 순간이 자주 올 것입니다. 아무리 노력해도 성과가 나지 않는 시기를 겪게 됩니다. 대부분이 유튜브를 시작했다가 포기하는 이유도 여기에 있습니다.

하지만 이 단계를 극복한 사람은 빠른 속도로 급상승합니다. 유튜브 채널은 내가 노력한 만큼의 보상이 바로 나타나지 않습니다. 시간을 쪼개며 꾸준하게 영상 5개를 올렸는데 조회 수가 너무 적게 나왔다고 좌절하지 마세요. 6번째 영상에서 갑자기 조회 수가 폭등할 수도 있습니다. 이렇게 조회 수가 폭발하고 지속적으로 성장하면 꾸준히 할 수 있는 원동력이 됩니다. 그렇기 때문에 작은 성과를 이어가며 포기하지 않고 끝까지 하는 것이 중요합니다.

물론 한 번 조회 수가 폭등했다고 채널이 꾸준히 성장하는 것은 아닙니다. 채널이 빠르게 성장하는 것처럼 느껴져도 다시 정체기가 올 때도 있습니다. 다시 조회 수가 잘 안 나오게 되고 수익이 떨어지면 마음이 조급하고 불안해질 수밖에 없습니다. 하지만 그럼에도 포기하지 않고 끝까지 버티는 사람이 성공합니다. 물론 영상만 열심히 만드는 것이 아니라 끊임없이 연구하고 새로운 방법을 찾아야 합니다. 결국 어떤 분야든 성공하는 사람은 일단 도전하는 실행력과 시작하면 끝까지 버티는 지속성이 있어야 합니다. 부족하더라도 일단 시작하고 차차 보완하면 됩니다.

영상 편집을 너무 못해서, 컴퓨터를 다루는 게 익숙하지 않아서, 마땅한 콘텐츠가 부족해서, 시간이 없어서 다 핑계입니다. 이미 어려운 상황에서도 해낸 사람들이 있기 때문입니다. 베스트 셀러 도서 《그릿》의 저자로 유명한 앤절라 더크워스는 '열정은 강도가 아니라 지속성'이라고 말합니다. 우선 처음의 목표는 '일단 어떻게든 유튜브에 영상을 업로드해 보기'로 세웁니다. 그후에는 '영상을 10개는 만들기'를 도전해 봅니다. 처음부터 월 100만 원 수익만들기, 구독자 1만 명 달성하기처럼 거대한 목표를 정하면 중간에 포기할 가능성이 큽니다. 그리고 영상 10개를 일단 업로드하다 보면 유튜브에 대한 본인만의 감이 어느 정도 만들어질 것입니다.

유튜브는 장기전입니다. 매주 꾸준히 제작하는 습관을 만드는 것이 중요합니다. 처음부터 너무 고퀄리티의 영상을 만드는 일에 집착하지 마세요. 처음부터 영상을 너무 잘 만들려고 하면 대부분은 금방 지칩니다. 적어도 3개월 ~ 6개월 이상은 해야 성과가 나타납니다. 당장은 영상 내용이 부실하게 느껴지더라도, 편집의 퀄리티가 부족하더라도 괜찮습니다. 지금 유명한 채널들도 처음부터 완벽하지 않았습니다.

이제 해야 할 일은 바로 실행입니다. 자, 책을 덮고 지금 당장 유튜브를 시작해 보세요. 지금까지 제가 알려드린 방법을 숙지했다면 이 이상으로 완벽하게 준비해서 시작하려고 미루지 마세요. 이제는 실행력을 갖고 빠르게 도전하는 분이 오히려 유튜브 시장에서는 성공할 확률이 높다고 생각합니다.

여러분의 시작을 응원합니다!

▶ 찾아보기

진솔한 서평을 올려 주세요!

이 책 또는 이미 읽은 제이펍의 책이 있다면, 장단점을 잘 보여주는 솔직한 서평을 올려주세요.
매월 최대 5건의 우수 서평을 선별하여 원하는 제이펍 도서를 1권씩 드립니다!

- **서평 이벤트 참여 방법**
  ❶ 제이펍 책을 읽고 자신의 블로그나 SNS, 각 인터넷 서점 리뷰란에 서평을 올린다.
  ❷ 서평이 작성된 URL과 함께 review@jpub.kr로 메일을 보내 응모한다.

- **서평 당선자 발표**
  매월 첫째 주 제이펍 홈페이지(www.jpub.kr)에 공지하고, 해당 당선자에게는 메일로 연락을 드립니다.
  단, 서평단에 선정되어 작성한 서평은 응모 대상에서 제외합니다.

독자 여러분의 응원과 채찍질을 받아 더 나은 책을 만들 수 있도록 도와주시기 바랍니다.